U0336910

多问，少说，

才是

ASK
MORE,
SPEAK LESS,
THAT'S WHAT MAKES
A GOOD LEADER

关苏哲 / 著

好领导

机械工业出版社
CHINA MACHINE PRESS

图书在版编目（CIP）数据

多问，少说，才是好领导 / 关苏哲著 . —北京：
机械工业出版社，2023.9
ISBN 978-7-111-73889-3

Ⅰ . ①多… Ⅱ . ①关… Ⅲ . ①领导学 Ⅳ . ① C933

中国国家版本馆 CIP 数据核字（2023）第 180353 号

机械工业出版社（北京市百万庄大街 22 号　邮政编码 100037）
策划编辑：秦　诗　　　　　责任编辑：秦　诗　高珊珊
责任校对：郑　雪　李小宝　　责任印制：刘　媛
涿州市京南印刷厂印刷
2023 年 12 月第 1 版第 1 次印刷
147mm×210mm · 10 印张 · 1 插页 · 172 千字
标准书号：ISBN 978-7-111-73889-3
定价：69.00 元

电话服务　　　　　　　　　网络服务
客服电话：010-88361066　　机 工 官 网：www.cmpbook.com
　　　　　010-88379833　　机 工 官 博：weibo.com/cmp1952
　　　　　010-68326294　　金 书 网：www.golden-book.com
封底无防伪标均为盗版　机工教育服务网：www.cmpedu.com

目　录

赞誉

◎ **陈劲松　深圳世联行集团股份有限公司联席董事长**

什么才是真"学问"？苏哲这本书看似是一本教练工具书，仔细读完才知道或者才通晓，为什么古人将有智慧的、有知识的聪明人称为有"学问"。人生有涯，而知识无涯，怎么办？学问，学问，学会问而已。尤其是领导，不应该是"学答"，而必须是"学问"，正如苏哲所说的这是"元问题"：问什么？为什么问？怎么问？学会了有效提问，更精彩的"学问"就会一一展开，这正是我推荐给所有管理者的"真学问"。

◎ **李文艺　平安国际融资租赁有限公司总经理**

优秀的企业管理，是打造现代企业核心竞争优势、提升团队整体作战能力的基石。在现代企业发展过程中，有效的管理沟通是提高组织运行效率的重要环节，它能够打通才智与心智之门，激活员工潜能，提升组织活力，实现价值创造。知人善问，疑则有进。在管理沟通中，提问无疑是信息充分交流、提高执行精准度的有效方法之一。

◎ **郭继军　新奥集团董事，新奥新智 CEO 和总裁，阿里集团前副总裁**

我们经常发现如果企业的资源都聚焦于解决正确的问题，业务进展会快很多。企业的意义在于为客户创造价值，而价值来源于客户问题的解决。仔细聆听市场和团队的声音，问最重要的问题，而不是急于回答问题和给出指令，是企业 CEO 需要训练的能力，也是一个创新组织需要掌握的技能。关教练是有丰富经验的企业教练，他帮助我和很多组织聚焦问题。我非常兴奋地看到他将提问领导力精准总结成了一本书，期待这本书对企业经营者和创业者在成长路上有巨大价值。

◎ **白梅　依视路陆逊梯卡集团、依视路事业部总经理**

认识关教练是源于一次中欧国际工商学院的公开课。OGSM（目标项目化管理）是一个非常有用的工具，但我第一次听到关教练把议题放在 OGSM 之前，这个观点令人豁然开朗，原来通过提问界定问题，才是解决问题的抓手。在团队的领导实践中，我们常常发现不能只从字面上理解同事们提出的问题，需要学会去寻找"我

VIII

真正应该解决的问题到底是什么，并将其设定为目标"，这样才能知道哪些工作是要做的，哪些事情是可以放弃的；各级员工也只有先明确自己最关键的工作，才能提升整个团队的工作效率。关苏哲教练这本书是一本实用性很强的管理工具书，内容翔实，值得推荐。

◎ **卢永臣　Tims 咖啡（中国）CEO**

从关苏哲教练这里学到的提问领导力让我在工作和生活上都受益匪浅！发现真问题远比解决问题更重要，就像爱因斯坦曾经说过的"我会把 95% 的时间花在界定问题上，最后才用 5% 的时间去解决问题"。要解决问题就从学习如何高质量提问开始，从提问领域专家关苏哲教练的这本书开始！

◎ **戴青　教练，企业战略和组织人才发展顾问，晨光文具前资深副总裁，淘宝网前行政副总裁，欧莱雅前 HRVP，联合利华大中华区和埃森哲大中华区前 HRVP**

老关是我的伟事达教练。做了一辈子 HR 和顾问的我忽然发现提问是如此有魔力，不仅仅是提什么问题，还要考虑以哪种方式提问，先问什么，再问什么，以及面对一个问题除了问别人是否还要问自己？

在不同的社会环境下、同一社会不同的时代中，领导力的内涵、外延持续不断地进化着。赋能型领导力的盛行根本上不是因为受西方管理学的影响，而是我们所处的时代变了，这样的领导力更管用，更能够与千禧一代、Z 世代同频共振。如果对过去的领导风格需要刷新甚至重置，不妨抽点时间读一读这本非常接地气的书。

◎ **林云松　尚层装饰（北京）有限公司董事长，伟事达私董会 028 组会员**

在个人层面，提出好问题不仅能够改善沟通关系，更能带来新的发现，形成新的思考和行动；在组织层面，提出好问题既能够提升团队决策质量，改善团队关系，又能使团队聚焦目标，从而提高企业绩效。

这本书是关苏哲教练基于多年的培训、咨询和教练经验萃取而成的，向我们传授了可以应对各种工作及生活场景的提问方法和技巧，是一本不可多得的实践指南，值得每一位管理者认真阅读。

◎ **陈振标　佩蒂动物营养科技股份有限公司董事长，伟事达私董会 028 组会员**

一个优秀的管理者不是"事情来了就做，很少去想为什么做、怎么做以及做了之后想得到什么结果"，也不是"盲目笃信天道酬勤，把大部分时间用来埋头苦干，却很少看路"，更不是"习惯于用战术上的勤奋来掩饰战略上的懒惰"。

在环境中充满不确定性的当下，管理者面对的是碎片化信息爆炸的场景，决胜的关键不仅在于知识的多寡、勤奋的程度，更在于是否具备深度思考的能力。关教练的新书将给 CEO 们指导：如何运用提问的管理沟通方式解决事物本质问题，在人生和事业上少走弯路、直达目标。本书值得一读。

◎ 夏军　上汽东华汽车实业有限公司副总经理，伟事达私董会 028 组会员

　　如果有人问你："你会提问吗？"我想大多数人是不屑作答的。连三岁小孩都会的事，还用问？但如果看了此书，你才会发现：提问是一门学问，是很难无师自通的。

　　六年来，我一直在关教练带领的伟事达私董会 028 组里学习和实践这套方法，它完全改变了我的自我认知，从自以为是到自以为非。它也完全改变了我和团队的共事模式，从一言堂到"多问，少说"。它还完全改变了我和儿子的相处方式，从一言不合到"情投意合"。这个"魔法"太神奇啦！

◎ 邱美宁　Welle 味蕾掌门人，澳门连锁加盟商会副主席

　　推荐这本书，高质量的提问能为工作和生活带来极大的帮助。提问的方式实际上反映了一个人的思维方式和心智模式。这是一本有别于其他领导力的书，这些年，关教练通过日常管理沟通中最常见、最基础的"提问"，帮助我和团队发现问题本质、提

升思考能力、强化团队成员间的协同、提高会议决策的效率。书中大量企业运作的案例，让初级管理者也能掌握问出好问题的核心和要素。创业 12 年，我深刻领悟到避免重大失误是维持企业生存的基本原则，好提问能帮助做出更好的决策，减少认知盲区，更好地赋能团队，从而成为一位称职的好领导。不仅是工作上的问题，我们也可以用好提问来解决生活困惑，这本书或许能成为你翻阅率最高的书之一。

◎ **贾卓　时易中创始人**

在我和高管持续多次向关教练学习并接受提问技能的训练后，我们的高管团队从原来的指令式管理，慢慢转变成了启发式管理，真正做到了沟通方式的转变，引发了群智涌现的局面。目前看到的效果是，我们持续提升了整个团队的决策质量、机会洞察的质量、执行的质量；减少了思维、决策、行为层面的内耗，对整个公司战略方向的校准、运营效率的提升有显著作用，对高管团队的领导力提升也有显著作用。

◎ **忻榕　中欧国际工商学院管理学教授，拜耳领导力教席教授、副教务长（欧洲事务），卓越服务 EMBA 课程主任（HEMBA）、DBA 课程主任**

提问驱动思考，答案终止想象，好问题比完美答案更重要。会提问的领导，下属是主人翁，不会提问的领导，下属是局外人。

苏哲在提问领域的积极探索，为管理者迈向领导者提供了方向和实践做法。

◎ **曾任伟　博商管理科学研究院院长**

今天的职场，被管理对象几乎是清一色的"90后""00后"，他们中不少人学历高、有个性、物质条件充裕，怎么能有效领导这群人是所有领导者面临的挑战，靠金钱激励或靠权力肯定是不行。关教练在本书中给出答案：和很多领导者总觉得自己更高明、总想直接给方法、直接"喂鱼"的方式不同，本书提供了大量的领导场景以及问"问题"的逻辑框架、方法工具和模型，让领导者通过有效"发问"帮助对象自己找到解决问题的逻辑，从而掌握"渔"的方法，这对于提升读者的领导力将会有非常大的帮助！

◎ **陈玮　北大汇丰商学院管理实践教授，创新创业中心主任，万科集团前执行副总裁兼首席人力资源官**

过去20年来，我发现最显著的领导风格就是指令：我说你做。这种行为特征的基本假设是，领导有答案，下属去执行。在VUCA时代，若领导者都不知道答案，还怎么指挥、怎样领导？关苏哲教练的这本书，为领导者提供了认知与行为转型最重要的指引。一个"少说多问"的领导者，不仅重新定义了领导的角色，而且还展现了高超的领导艺术。一个卓越的领导者，一定能够问得高、问得深、问得远、问得巧、问得准、问得透，最终还是问得好！想要在未来持续成功的领导者，此书是必读的参考书！

◎ **王华　里昂商学院创新管理学教授、副校长，里昂商学院亚洲校区校长**

面对诸多不确定性，如何成为更高效的管理者？那就从发号施令转变成提出好问题吧！当管理者提升了提问的能力，并营造通过共同提问来探寻答案的组织氛围，创新与业务拓展将会变得更为容易。多问，少说，打造赋能型领导力！

◎ **孙艳华　钟鼎资本合伙人**

伟大的答案，往往都起源于一个绝妙的问题。正是观察到苹果下落而提出问题，牛顿发现了万有引力定律。在我们的日常投资决策中，能否提出好问题，决定了决策的质量和投资的成败。在今天这样充满不确定性的大环境下，企业面临着前所未有的挑战，更需要企业家不断提出问题、不停求索，找到适合自己的发展之路。苏哲在书中不仅强调了提出好问题的意义，更给出了系统框架和操作指南，帮助我们从环境、战略、组织等方面思考和决策，为我们开启了一扇智慧之门。

猎豹队提问，突破自身认知盲区

作为管理者亲力亲为，替下属背猴子 [○]，身心疲惫？

团队成员缺乏思考，不担责，成长慢？

遇到工作难题，团队愁眉苦脸，不知道从何入手？

因为，你和团队还没有学会提问。

我和关教练认识多年。2015 年我加入老关作为总教练的中

欧产业互联网生态营，对平台战略和产业互联网、数字化转型有

○ "背猴子"源自威廉·安肯三世提出的一个有趣的管理理论——"背
上的猴子"，用来比喻责任和事务在管理者和下属之间的转移，是指
一些事必躬亲的管理者更容易把下属的"猴子"背到自己身上，在身
心疲惫后却发现效果并不理想。

了新的认知，由此，富邦的业务从国内开始延伸到海外，目前富邦海外业务无论是收入还是利润都已经超过了国内，数字化农业也已经成为富邦的核心业务。

2017 年，我又成为关教练的伟事达 028 组企业家私董会会员，对提问领导力有了全新的理解：领导者和管理者的主要区别在于，领导者善于提出问题，激发团队积极思考和担责，而管理者则亲力亲为聚焦于回答问题。

提问驱动团队思考，答案制约下属成长，当我们把提问作为企业内部人和人沟通的一种重要语言，并真正提出好问题时，这些提问让我们个人、团队和组织都焕然一新。

记得 2019 年 2 月 22 日，028 组企业家会员们来到武汉，为作为东道主和案例主的我以及富邦未来的发展指点迷津。上午第一个活动，就是我们小组会的经典活动——猎豹队高管访谈。猎豹队队员就是我的企业家私董小组 CEO 成员们，他们每个人与富邦的每一个高管单独做 1 对 1 的访谈，总计通过 10 个不同维度的提问，快速获得洞察。这 10 个提问，主要聚焦于四大类，它们分别是业务优势、不足和风险、团队管理和企业文化，以及我个人的优点和要改进的领导力。整整一小时的采访，猎豹队队员只向高管提问，做好记录，不做任何个人评判。

一小时后，大家在会议室同样问了我这 10 个问题，然后，在保护高管透露信息隐私的基础上，大家把过滤汇总后的富邦高管访谈结果和我个人的回答做了比对，凡是我和高管认知不同的点，或许就是我本人最大的认知盲区。在那次会议上，我认知到"公司组织架构不清晰，绩效管理缺失，过于追求完美导致重大决策缓慢，授权不够导致团队成员担责程度不高"是影响企业和我个人成长的关键障碍。

猎豹队的这种方式帮助我用全新的视角去看待富邦，获得关于富邦如何获得更好的成果、管理流程和文化优化的洞见。高管团队的坦诚看法和建议在一定程度上帮助了我去思考和改进我们过去的做法。那次活动后，我把有潜力的年轻的高管团队也交给了关教练定期做辅导，这些年我也欣慰地看到了他们的成长。

每个管理者都容易迷失自己，都存在认知盲区和自我意识障碍。对管理者最大的帮助，就是帮助他们看到自己的盲区，突破自我意识障碍。表面强大的创始人其实很难认清自己，克服认知盲区。团队远胜个人，再强的创始人，靠个人努力去克服偏见往往是徒劳无功，每个领导者要实现长足的成长，身边一定需要一群人彼此告诉真相。

成长，必须去解决企业和个人发展过程中的无数个棘手问题，而要解决问题，只有通过提问，率先发现和界定问题。这些年来我们在私董会里，都是围绕各自企业的实际问题，用大量提问升维战略思考，更多关注的是"是什么""为什么"，而非降维战术思考"怎么做"。

　　杰克·韦尔奇在其著作《赢》中指出，领导者必须真正成为提出最多、最好问题的人。提升领导力的方法之一就是多提问，之二是鼓励他人提问。不会提问而直接给予下属答案的管理者，不仅自己身心疲惫，无法解决问题，也制约了团队的成长，客观上导致团队成员对结果不担责。相信国内的管理者们，可以像我和我的高管团队成员一样，从关教练这本书中感悟良多，通过提问领导力的精进，最终增强组织的竞争优势！

王仁宗

湖北富邦科技股份有限公司董事长

湖北省总商会副会长

好问题，造传奇

为什么答案很正确，我们照做还是失败了呢？

好的提问为什么可以激发创新？一个不好的问题如何阻挡了创新的涌现？

好的提问为什么可以改变组织，可以改变企业文化，甚至可以改变世界？

被"流放"12年，重返苹果的乔布斯先生如果没有提出看似异想天开的问题：为什么手机只能打电话？苹果成为市值超过2万亿美元的传奇会发生吗？

切斯基先生如果没有提出看似天方夜谭的一问：为什么不

能让别人在我们家睡觉呢？ 爱彼迎（Airbnb）能敲开600多万个陌生人的卧室，入住人次超过10亿，成为全世界最大的"民宿"吗？

当下属有困惑需要你给出建议时，该如何与他对话呢？要是我们问错了问题，即使我们找到正确答案，往往也会落得南辕北辙，浪费时间，错过伟大的时刻。关教练认为，凡遇到问题先问为什么（why），而不是直接去解决问题。爱因斯坦曾说："如果我有一个小时的时间来解决一个问题，我会花55分钟界定问题，5分钟思考解决方案。"

打破砂锅问到底，是人类的天性。关教练认为，爆炸式的提问往往能接近事物的本质。

从一段遗失的采访录里，我们听到了乔布斯亲自讲的他曾和一个80岁老人在车库里发生的小故事："我们把石头丢进罐里，倒点儿溶剂，加点儿粗砂粉。之后他盖上盖子，开动电机对我说，'明天再来看看'。第二天回到车库，我们打开罐子，看到了打磨得异常圆润美丽的石头！"

乔布斯说："本来只是寻常不过的石头，却经由互相摩擦、互相砥砺，发出些许噪声，变成美丽光滑的石头。在我心里，这个比喻最能代表一个竭尽全力工作的团队。集合一群才华横溢的伙伴，通过辩论、对抗、争吵、合作、互相打磨，磨砺彼此的想法，最终才能创造出美丽的石头。"

这个故事给了我很大的震撼，每次头脑风暴和决策会议，每当我们团队里有人开始拍桌子的时候，这个故事总在我的脑海里回响。于是，我总是偷偷地乐着，因为我们正在接近真理。

神奇的英文单词如何改变一个企业的命运：Why（为什么），What if（如果……会怎样）以及 How（怎样）？

如何走出三年新冠疫情带来的时代阴影，摆脱残酷内卷后的战略困境？

关教练的这本新书，无疑直击我们每一个企业家的灵魂深处。这不仅是又一本"沟通的艺术"之作，更是一本关于提问和聆听的科学论述。

这是我们每个人提升领导力、超越自我、挣脱枷锁、达成共识、彼此成全和创造下一个传奇的灯塔之作。

知行合一，你就是传奇。

颜艳春

盛景嘉成基金合伙人

山丘联康创始人

《产业互联网时代》作者

《第三次零售革命》作者

多问、少说，其实是一种智慧

和关苏哲教练一样，在成为伟事达中国教练和持牌人之前，我也做过多年的管理顾问，这两种职业都是和企业家打交道，确切地说是和企业家面临的问题打交道，但不同之处在于，管理顾问为企业家提供答案，而教练的工作更多是通过"提问"让企业家自己找到答案。

这两种解决问题的方式，都需要以严谨的逻辑框架作为支撑，但不同之处在于，作为管理顾问提交的解决方案，哪怕再科学、再完美，也常陷入落地难、执行走样的尴尬，精美的报告往往最后被束之高阁。而作为教练，通过提问帮助他人看清问题的本质、找到解决方案之后，哪怕这个方案并不完善，人们也能干劲十足地去执行，碰到困难也会积极地想办法。

为什么会有这么大的差异？后来有一位老教练告诉我，这是"要我做"和"我要做"的区别。大部分人都不喜欢当他人思想的执行者，而是喜欢通过自己思考去寻找答案，就算不断试错，也乐此不疲。奥地利心理学家弗兰克尔认为，人们能从创造性的工作中发现生命的意义，从事简单机械的工作则无法带来这种感觉。

看到上述两者动力的天壤之别，我才真正意识到："多问、少说"是一种领导智慧。

关苏哲教练有一个观点：企业最大的成本不是显性的人员成本、生产成本，而是财务报表上没有的隐性的决策失误成本。如果企业领导者不善于通过提问发现藏在复杂问题背后的真相和本质，而是以"头痛医头、脚痛医脚"的方式去解决表面问题，那可能会带着团队与"假问题"搏斗，最终投入了大量的时间和资源，真问题却没解决，经济和士气的损失倒是不小。

现实生活中，这样的领导者还真不少见。他们不喜欢提问，而是喜欢发号施令、亲力亲为，结果不仅让自己疲惫不堪，也会让下属消极被动。相反，那些喜欢提问、懂得欣赏式探询的领导者，会将思考和创新的火种撒在公司的各个角落，营造出一种热火朝天工作的组织氛围，同时，自己也可以腾出更多的精力，去思考新的问题、发现新的可能性。

　　如果企业领导者学会了"多问、少说",不仅可以避免企业少走弯路,还可以激发团队的热情。员工自己发现答案带来的惊喜,其实是对他们最好的激励;让员工提出的方案得以成功实施,才是对他们最大的认可。

　　此外,"多问、少说"的智慧不仅适用于职场,也适用于我们的生活。善于提问的父母,必定会培养出善于思考的孩子,这样的父母是孩子好奇心的守护者,能给予孩子探索世界的力量。善于提问的夫妻或情侣,也可以更多地了解对方的内心世界,会给亲密关系注入更多的信任、理解和包容。

　　因此,本书并不是领导者的专属读物,它是一本人人可读的书,其中有很多实用工具和易于理解的案例,可以帮助读者通过提问看清问题本质,让读者找到更多激励他人、与他人有效合作、破解难题的方法。这不仅是职场智慧,也是生活的智慧。

吴强

伟事达中国 CEO

前　言

本书的背景

《连线》杂志创始主编凯文·凯利有个知名演讲，他提到了未来发展的12大趋势，其中包括所有的东西都在不断升级，与人工智能的合作表现决定你的薪酬，任何一种平面都可以成为你的屏幕等，但令很多人惊讶的是第11个趋势：提问。他认为好问题比完美的答案更有意义，更有价值。

从古代的飞鸽传书到现代的邮政系统，再到互联网时代，每次技术创新都将工作效率提升了10倍以上，ChatGPT的诞生也不例外。ChatGPT是一种智能语言模型，可以运用到各种工作场景以提升你我的工作效率，如智能客服、语音识别、撰写会议纪要、建立岗位知识库、智能编辑等。最有意思的是，在营销、产品研发、财务会计报表生成等方面，你可以利用提问，让它帮你破解工作难题。

要让 ChatGPT 发挥威力，你必须有一流的提问技能。今天你想要找答案相对比较容易，你可以借用谷歌等搜索引擎，还有各种 AI 如 ChatGPT 等。它们让回答变得越来越便宜，但与此同时，提问却变得越来越贵了。因此我们必须要提升提问能力，用更好的提问激发创新。AI 时代有提问技能的管理者，才更有岗位竞争力。

苏格拉底说，人类最高级的智慧就是向自己或他人提问。在美国，过去 40 年领导力最大的进步之一，就是提问领导力的发展。作为伟事达总裁教练和国内标杆企业高管团队的教练，帮助 CEO 和管理团队提升提问能力，是我日常最重要的工作职责之一。伟事达作为私董会鼻祖，是全球领先的 CEO 发展机构，其使命是帮助 CEO 和高管提升事业效率和生活品质。伟事达私董会将 CEO、公司高管聚集在一起，组成私董会小组，其核心服务之一便是帮助小组成员梳理问题处理决策流程，通过强有力的提问，帮助每个会员洞察问题背后的本质问题。私董会 60 多年专注于服务 CEO 的实践证明，帮助 CEO 和高管团队精进提问能力，是促进其成长的最佳模式。因为卓越的领导力就是有效沟通，而有效沟通的核心就是"倾听 + 提问"，最好的管理，就是借他人之力，成己之事。

XXVI

　　提问看似简单，其实是一种高级的元认知思维。 2017 年前，我的职业身份是培训老师和咨询顾问，主要为中国的 CEO 和高管团队辅导互联网战略、新媒体营销、新零售等专业类内容。那时候，我的任务是传播知识以及为客户提供解决方案。2017 年后，我毅然决然地选择成为企业总裁教练和高管团队教练，因为我发现对客户最大的帮助不是仅仅传播知识，也不是越俎代庖地替客户解决问题，而是像教练那样去帮助客户从源头发现和界定问题，**发现问题远比解决问题更重要！**

　　彼得·圣吉曾说，学习之道并不是从别人身上得到答案，而**是培养个人独立思考的能力去找到自己的解决方法。** 叶圣陶老先生也说过，**教，以不教为目的。**

　　发现问题的能力，就像是在一张白纸上定义框架，这是一种站在更高维度洞察本质问题的"元视角"，是升维思考。而解决问题的能力，往往是在已经确定的框架内部进行最优化，本质上是一种井底之蛙型的降维思考。

　　比较可惜的是，在中国目前的管理学教练领域，鲜有商学院和培训机构把加强管理团队的提问能力作为最重要的课程去普及。我们看到的现状是，很多培训机构迎合一些客户要立即解决问题的需求，推出了很多同质化的工具技巧类的课程。殊不知，问题无法解决，绝大部分原因在于你无法发现问题，而要发现问题，你必须先提出正确的问题。所以在企业里真实的情况是，很多管理者还没有搞清楚"是什么""为什么",就盲人摸象般急于实施"怎么做"了。所以,很多管理者有时间屡败屡战,却没时间停下来,仔细反思自己是如何走到今天这一步的。

虽然市场上有一些以提问为主题的书籍,但聚焦于管理者职场成长方面的提问书籍却寥寥。为了让更多的中国管理者突破"遇到问题就立即去解决"的认知盲区,使其在 AI 时代,成为更好的领导,能够利用团队力量破解工作难题,并塑造良好的团队关系,应线下学员和粉丝的邀请,我将把这些年私董会通过提问帮助 CEO 及职场高管成长的成功经验通过本书介绍给更多的企业管理团队。

本书适合的读者

提问能力是赋能型领导者必须具备的核心领导力,但可惜的是,此能力目前还未被管理者充分利用,赋能型领导者和亲力亲为型管理者的主要区别在于:前者善于提出问题,而后者则聚焦于给予答案。提问驱动团队思考,答案制约下属成长。此书适用于以下工作情境。

- 领导者习惯于给予团队答案,亲力亲为,身心疲惫。
- 管理者遇到重大业务难题,无法科学决策。
- 团队会议效率低下,各持己见,或沉默,或附和。
- 团队和组织墨守成规、循规蹈矩,创新能力被抑制,错失发展机遇。

- 下属内心有干扰，无法厘清自己的目标和现状，执行意愿出现问题。

- 下属和上级有不同观点，但出于各种考虑秘而不宣，或者不知道如何向上管理。

- 组织文化沉闷，充斥指令和指责，工作关系紧张，缺乏协作，士气低下。

另外，本书还适合需要掌握最核心的提问方法论，提升和客户沟通效果的培训师、咨询师和企业教练们。

这里我需要提醒你的是提问这件事，如果你独自一人练习，而非和同事们一起学习运用，你会倍感吃力。管理团队只有用同一种思维模式对话，沟通才更有效，团队才会真正同频成长。

当然，事实上，本书讲的提问方法，也几乎全部适用于生活环境。在家里，你需要从小培养孩子的提问能力，让孩子对世界充满好奇，长大后就不容易随波逐流。你需要用欣赏式探询不断正向鼓励孩子而非暴力沟通，你和伴侣也需要彼此亲和对话。在外面，你需要利用聆听和提问，和亲朋好友们和谐相处。

本书概述

本书借鉴了国内外经典提问方法，结合我在企业家私董会和标杆企业内部高管圆桌会的提问实践，以职场管理者为目标对象，选择了职场上常见的提问场景，比如破解工作难题、高效开好会议、产品服务创新、上下级有效沟通、塑造良好组织文化氛围等。

第 1 篇将探讨以下问题：为什么成年人普遍缺乏提问领导力？为什么提问能让组织和个人走得更远？提问有什么好处？如何激发企业管理者对提问的重视。

第 2 篇重点探讨发现和解决问题的场景，你将学习用"提问框架六步法"模式提问，破解工作难题。事实上，这个方法旨在提升高层管理者最重要的概念思维技能，目前这个技能在大部分国内管理者的身上，是普遍缺乏的，这个技能的高低会直接影响企业重大决策的质量。

第 3 篇讨论提问的会议场景，即如何通过提问，克服目前很多民营企业无法把会开好的弊病，更好地达成会议共识，保持良好的沟通效率和氛围。

第 4 篇将谈产品服务场景，介绍如何通过问"为什么""如果……会怎样"，以及如何通过多问"怎样"，激发产品服务创新，从而从源头避开同质化的产品竞争。

第 5 篇聚焦上级赋能下属成长场景，作为上级，你将学习到上级如何通过日常 1 对 1 的提问，帮助下属厘清现状，减少干扰，使团队成员从内心找到对应的解决办法。

第 6 篇则站在下属维度思考，作为下属，你如何利用谦逊探询，表达和上级不同的观点，促进上级反思，而非秘而不宣，隐瞒看法。

第 7 篇探究如何通过提问协助塑造组织文化。通过聆听、欣赏式探询、亲和对话，你可以改善团队成员彼此间的关系。你可以从重塑心智模式开始，改变对话模式，展现平日良好的沟通行为，从而塑造开放、透明的组织文化氛围。

其实提问几乎可以在大部分工作和生活场景中灵活使用，作为"加餐"，本书最后（第 8 篇）给出 1 对 1 沟通、企业差异化竞争策略、职场成长规划、高绩效团队塑造的方法。

关苏哲

新关点创始人

总裁教练

企业重要会议主席

01

提问改变组织及个人

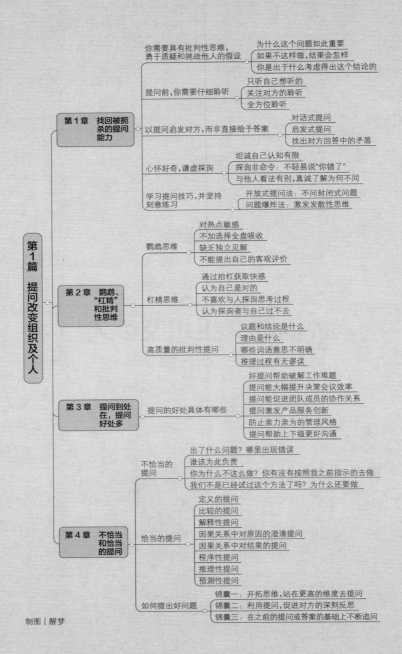

第1篇 提问改变组织及个人

第1章 找回被扼杀的提问能力
- 你需要具有批判性思维，勇于质疑和挑战他人的假设
  - 为什么这个问题如此重要
  - 如果不这样做，结果会怎样
  - 你是出于什么考虑得出这个结论的
- 提问前，你需要仔细聆听
  - 只听自己想听的
  - 关注对方的聆听
  - 全方位聆听
- 以提问启发对方，而非直接给予答案
  - 对话式提问
  - 启发式提问
  - 找出对方回答中的矛盾
- 心怀好奇，谦虚探询
  - 坦诚自己认知有限
  - 探询非命令：不轻易说"你错了"
  - 与他人看法有别，真诚了解为何不同
- 学习提问技巧，并坚持刻意练习
  - 开放式提问法：不问封闭式问题
  - 问题爆炸法：激发发散性思维

第2章 鹦鹉、"杠精"和批判性思维
- 鹦鹉思维
  - 对热点敏感
  - 不加选择全盘吸收
  - 缺乏独立见解
  - 不能提出自己的客观评价
- 杠精思维
  - 通过抬杠获取快感
  - 认为自己是对的
  - 不喜欢与人探询思考过程
  - 认为探询者与自己过不去
- 高质量的批判性提问
  - 议题和结论是什么
  - 理由是什么
  - 哪些词语意思不明确
  - 推理过程有无谬误

第3章 提问到处在，提问好处多
- 提问的好处具体有哪些
  - 好提问帮助破解工作难题
  - 提问能大幅提升决策会议效率
  - 提问能促进团队成员的协作关系
  - 提问激发产品服务创新
  - 防止亲力亲为的管理风格
  - 提问帮助上下级更好沟通

第4章 不恰当和恰当的提问
- 不恰当的提问
  - 出了什么问题？哪里出现错误
  - 谁该为此负责
  - 你为什么不这么做？你有没有按照我之前指示的去做
  - 我们不是已经试过这个方法了吗？为什么还要做
- 恰当的提问
  - 定义的提问
  - 比较的提问
  - 解释性的提问
  - 因果关系中对原因的澄清提问
  - 因果关系中对结果的提问
  - 程序性提问
  - 推理性提问
  - 预测性提问
- 如何提出好问题
  - 锦囊一：开拓思维，站在更高的维度去提问
  - 锦囊二：利用提问，促进对方的深刻反思
  - 锦囊三：在之前的提问或答案的基础上不断追问

制图 | 醒梦

———

与其强行灌输说教，不如培养提问能力。

心理学家莫勒曾说，提问是使你的大脑实现程序化的最强有力的手段之一，因为提问具有强制思考的力量，提问的差距造成了人生的差距。

组织和个人成长都离不开提问，但是对于职场上不少管理者而言，提问能力已经成为一种稀缺能力，严重阻碍了其职场成长，以及组织创新发展。

事实上，提问能够帮助管理者破解难题、提升会议效率、激发产品创新、促进良好的团队关系、改善沟通领导力。具备批判性思维、独立思考能力的管理者，需要精进提问能力，从而可以对自身的职场经历及其价值做出更加客观的评判，同时可以对他人的观点提出自己的疑问。提问不是单纯的技术活，好的提问离不开每位管理者背后领导力素质水准的支持。总之，个人和组织的成长之路，往往都始于提问，并一路相伴。

第1章

找回被扼杀的提问能力

博学之，审问之，慎思之，明辨之，笃行之。

——《礼记·中庸》

身在职场，我们常会看到以下种种怪相：

- 员工面对上级时唯唯诺诺，担心向领导发问会影响到个人事业发展。

- 遇到问题领导们总是习惯于给答案，而非提问，结果员工成长慢，自己也累得半死。

- 很多人每天忙忙碌碌，却未停下脚步反思自己每天在做的事情是否有必要……

以上种种想必你也曾有所经历，面对焦虑、困惑和压力，也曾感到身心疲惫。遗憾的是，我们却从未深究，到底是哪里出了问题，让自己的职场之路走得如此艰难。

不知不觉中，你的提问能力正被无情扼杀。尤其对进入职业竞技场的广大成年人而言，思维提前老化，提问正在成为一种稀缺能力。

提问能力是上天馈赠给我们的礼物，也是每个人的本能，不应该被压制和抛弃。

记得我女儿4岁时曾问过我一个问题："爸爸，为什么桌子和人不一样，它不吃饭吗？"我竟一时语塞，忆起自己小时候也经常问父亲很多问题，比如：为什么天空是蓝色的？是先有鸡还是先有蛋……对天真无邪的孩子来说，提出问题，是他们的本能。

俗话说，"打破砂锅问到底"。我们天生会提问，有数据显示，学龄前儿童可以轻松提出一堆问题。2～5岁的孩子，会问超过4万个问题，但从5岁开始，孩子无拘无束提问的次数开始减少，随后的环境以及不恰当的教育方式，让他们逐渐变得缄默。

- 相信你可能也遇到过这样的场景："这道题你这样想，不能说不对，但是考试的时候还是要按照答案这样来回答，不要问为什么，没有为什么，记住就好。"久而久之，我们的提问能力急剧下降，好奇心也越来越少；因为大家得到的奖励是出于答案，而非提问。

- 长大后，很多人明明有很多疑问，却宁愿不懂装懂，也不会主动提出问题，因为在他们看来提问会暴露无知，所以他们宁愿不成长，也不愿意让别人认为自己笨。

- 进入职场，企业往往强调执行力第一，大家一味往前冲，鲜有人会退一步去思考为什么要做这些事，怎么做才是正确的。事实上，在错误的方向上，越努力越可怕。专业技术的答案实际上并不难找，真正难的是，你是否可以提出有关价值观和信念等宏观层面的问题。

但是，如果不闭嘴，会有什么可能性发生呢？

提问，更高级的元认知思维

一位美国佛罗里达州的美式足球教练曾提出这样一个问题：为什么运动员小便次数要比普通人少？根据这个问题，他发现原来运动员不断出汗，使大量体液流失，因此排尿就变少了。他把这一发现告诉了一位产品研发专家，该专家针对性地研发出一款可以补充汗液中流失的电解质的饮料，运动员饮用该饮料后可以迅速恢复体能，有球队饮用后，竟然取得当年全胜的战绩，由此一个优秀的运动饮品诞生了，它的名字叫佳得乐。佳得乐开创了运动饮料领域的先河，品牌市值一度达到数百亿美元。

一个好的问题，蕴含着极大的创造空间，甚至可以挖掘出其背后巨大的商业价值。

还有很多类似案例：

尼古拉斯·G. 海耶克（Nicolas G. Hayek）自问，为什么不可以把手表和服饰行业结合在一起呢，于是诞生了斯沃琪（Swatch）手表。

乔布斯参加摩托罗拉大会时听到大家出门要带3样东西：手机、音乐播放器和阅读器，他问自己，如果把手机、音乐播放器、阅读器等结合起来，会怎么样？于是诞生了苹果手机。

不难发现，许多伟大的品牌都诞生于提问，成功者是不会轻易闭嘴的，因为他们不甘于平庸。古人说：**博学，审问，慎思，明辨，笃行**。说的就是需要我们经过**学、问、思、辨、行**五个环节，把自己培养成一个有用之才。担任总裁教练和高管团队教练后，我的一个重要工作就是帮助企业家和管理层团队强化提问能力，通过提问激发创新、发现问题背后的本质问题、提升工作效率，甚至强化良好的人际关系。所以说，提问的价值超出你的认知。

随着技术的发展，信息存取更加方便，机器智能化水平更高，一些标准化操作的工作，未来将首先成为机器取代的对象。届时认知及思维层面的洞察力、想象力等，以及不断发掘和创新的能力将成为职场核心竞争力，而提问恰恰是开启这些能力宝箱的钥匙。

如何找回失落的提问能力

如何找回失落的提问能力呢？如何重新点燃儿时敢于提问的火花？

你需要遵循一些重要的原则。

第一，你需要具有批判性思维，勇于质疑和挑战他人的假设。

提问能力的本质是独立思考，是打破陈规，是创造力与想象力的结合，而这一项能力的高下，将很有可能影响你一生的发展。在私董会 [⊖] 上，我们会用一系列问题来质疑假设，发现问题背后的本质问题。我们彼此间会经常问"为什么这个问题如此重要""如果不这样做，结果会怎样""你是出于什么考虑得出这个结论的"等问题，例如，某次私董会上，一名CEO 组员提出其所在企业需要招募一些能力更强的分公司总

⊖　私人董事会，简称私董会，也作总裁私董会、总裁私享会，是一种新兴的企业家学习、交流与社交模式，其完美地把 CEO 和高管教练、行动学习和深度社交融合起来，核心在于汇集跨行业的企业家群体智慧，解决企业经营管理中比较复杂而又现实的难题。

经理，提问环节，与会的另一名组员提出"为什么不考虑提升企业体系化建设，从而降低对分公司总经理的招募要求"，这个提问即是对招募能力更强的分公司总经理这个假设的质疑。

第二，提问前，你需要仔细聆听。

提问高手首先是个聆听高手，聆听可以分为3个层次：**只听自己想听的、关注对方的聆听和全方位聆听。**好的聆听者具备耐心和同理心，不仅会听对方的表面话语，更能听出对方的语调、节奏、情绪感受，只有这样，你的提问才能有针对性，才能打动对方。

第三，以提问启发对方，而非直接给予答案。

谈话中，我们要放弃控制欲、表达欲。古希腊哲学家苏格拉底采用对话式、启发式的方式，通过向学生提问，不断找出对方回答中的矛盾，进而引导学生总结出一般性的结论，这就是著名的苏格拉底教学法。对话的目的是帮助对方思考，而非好为人师，直接给出答案。

第四，心怀好奇，谦逊探询。

企业文化理论之父埃德加·沙因提倡和他人沟通时要采取谦逊探询的态度，而不应使用命令的语气。苏格拉底也说过：我唯一所知的，就是我一无所知。我们在他人面前要坦诚自己认知有限，在想法上也存在盲区，对于不同观点我们需要胸怀开放，做个谦逊的人比做个有能力的人更能促进个人成长。所以，不要轻易对他人说："你错了。"而是要带着好奇心去了解不同观点背后的理由和推理认证过程。

当发现别人和自己对同一事物的看法有所不同时，要真诚地去了解你们彼此为何不同："关于这件事情，我的想法和你不太一样，我很好奇，你可以和我分享一下，你这个想法背后的理由吗？"以这样的方式提问，一方面对方不容易进入防御心态，更容易接受；另一方面，也许听完对方的陈述后，你会发现其实错的是自己，甚至可能双方的观点没有对错，各有千秋，这样你就可以收获看问题的一个全新角度，何乐而不为？

第五，学习提问技巧，并坚持刻意练习。

很多人不会提问的原因之一是过去没有机会学习如何提问，希望你从现在开始，迅速提升自己的提问技能。我们在私董会上，要求每个企业家都要刻意练习多种提问方法，其中两个比较有代表性的方法是"开放式提问法"及"问题爆炸法"。

- **"开放式提问法"**：不轻易问封闭式问题。

  例如，将"你有没有考虑过更换人员"，改为"在人员更换方面，你是怎么考虑的"。封闭式提问无法激发提问对象新的思考，无助于问题的继续深入探讨，而开放式提问一般请对方谈想法、提建议等，更有利于话题的展开。

- **"问题爆炸法"**⊖：在规定时间内，就某一议题提出大量问题，数量越多越好，重量不重质，只要问题不重复，你

⊖　格雷格森.为什么好问题比答案更重要？[J].哈佛商业评论,2018（3）.

尽可以提出任何你想问的问题，旨在用提问激发我们的"发散性"思维。提问过程中提问者无须思考为什么这么问，也不做解释，被问者只记录提问，无须作答，大家对提问和答案的合理性不做解释评判，不提反对意见。此种形式在私董会收获了良好的效果，我们曾在30分钟内，对案例主提出了100个问题，其中蕴含了不少创新的想法。

本章小结

每个人天生就会提问，提问能力是上天馈赠给我们的礼物，遗憾的是，成长路上我们多数人因种种经历及限制性环境等的影响逐渐将其遗失了。

实现个人的高速成长离不开提问。学会提问，你需要遵循一些原则，例如有质疑的勇气、仔细聆听、放弃控制欲和表达欲、保持好奇心和谦逊，最后，你需要刻意练习提问。

本章思考

如果用 1 ~ 10 分给你的提问能力打分，1 分为最低，10 分为最高，你给自己打几分？

如果分数低于 6 分，请反思一下其主要是由什么原因导致的？

第2章

鹦鹉、"杠精"和批判性思维

优秀的团队同时具备两方面的突出优势：一方面是相互融合的批判式质询，另一方面是能够相互协作。实际上，批判式质询和相互协作是不可分割的。如果不提出问题和回答问题，就很难和别人进行真正协作。同时，积极正面地提出问题和回答问题，自然而然就能促进相互协作。

——万斯·科夫曼

三类人，三种思维

工作生活中，我们往往可以将身边的人分为以下三类。

第一类人，他们没有自己的独立见解，往往跟随广告和热点，把别人的观点当成自己的观点，鹦鹉学舌，甘心沦为他人的思想奴隶，我把这类人称为"鹦鹉"，其思维可以称为**"鹦鹉思维"**。

排除那些不爱思考、人云亦云的人外，有鹦鹉思维的人，不少还是好学之辈。他们对热点新闻敏感，例如，什么书热卖就买什么书，在学习过程中也很认真，比如他们会给一本书做精华笔记，还经常复习过去的笔记，确保自己能理解作者的观点或某堂课的知识点。

但是这种思维方式存在一个致命缺陷，即对于纷至沓来的信息不加选择地全盘吸收，而不是带着问题去吸收，所以即使学习了很多，还是缺乏自己的独立见解，无法对他人的观点论证提出自己的客观评价。

第二类人，他们不断地挑战他人，经常通过抬杠获取快感，总是和人唱反调或在争辩时故意持相反意见，就是我们俗称的"杠精"，其思维我称为**"杠精思维"**。杠精总是一厢情愿地认为自己是对的，不喜欢他人探询自己的思考过程，对于他人的探询会觉得是在和自己过不去。

第三类人，他们能独立思考，不仅博学，更会对自己耳闻目见的一切进行审问、慎思、明辨，对其有选择地相信或者忽略。他们带着思考去观察这个世界，具备**批判性思维**，他们不仅能质疑别人说理论证的过程，还能让批判性思维在自我论证的过程中发挥重要作用。

关于鹦鹉思维、杠精思维和批判性思维的话题，我推荐读者阅读尼尔·布朗的《学会提问：批判性思维领域的圣经》[⊖]，书中作者在批判性思维领域有很棒的研究成果，列举了日常生活中的大量实例，分享了逻辑性和批判性地提出、思考、判断和解决问题的方法。

批判性提问

所谓批判性思维，就是你对自己的所见所闻进行系统化评判，值得注意的是，在这个过程中，与他人沟通应具备基本的行为规范。例如，可以通过大量恰如其分的提问和回答来让对话进行下去，这和我们在企业家私董会对话中坚持的原则是一致的。

尼尔·布朗在《学会提问：批判性思维领域的圣经》里为我们提供了几个高质量的批判性提问，我选择了其中几个关键提问与读者分享，希望能帮助读者以后在合适的时间提出合适的问题。

⊖　布朗，基利. 学会提问：批判性思维领域的圣经 [M]. 吴礼敬，译. 北京：机械工业出版社，2013.

1．议题和结论是什么

议题是引起对话或讨论的问题抑或争议，是后续所有讨论的基础。而结论是对话或讨论的双方中，其中一方希望另一方接收的信息。

例如上海疫情暴发，很多商家停业，社区团购一时间成为热点。我们私董会有个企业家成员的线下门店全部歇业，导致他的现金流出现问题，他想尝试食品类产品社区团购这一新模式来解决现金流的困境。为此，我们专门为其召开了一次网络私董会。作为案例主，该会员的议题是：疫情期间，食品社区团购生意是否可行？

这是一个描述性议题，主要是讨论是不是、可不可行的话题。

其个人的结论是：疫情期间，食品社区团购需求加大，可以快速带来现金流。

实际上该结论并不算是真正的结论，而是纯观点（mere opinion），因为他未提供支持这一观点的理由，真正的结论是逐步推理出来的，经过分析推理出来的观点才能称为结论，理解结论的本质是形成批判性思维的必要步骤。

2．理由是什么

对该会员的结论，你无论选择同意，还是不同意，都需要理由。

在会议上，我们就请这位会员分享了得出该结论背后的理由。所谓理由，就是指用来支撑或证明结论的看法、证据、类比或其他陈述。换句话说，就是我们为什么要相信某个结论的解释说明或逻辑依据。

判断一个人有没有"头脑"，一个标准就是看他是否提供了充分的理由来支撑他的结论。

论证 = 结论 + 理由，一个论证由一个结论以及支撑这一结论的各种理由组成。此处"论证"亦即"推理"的意思。

找到理由的第一步，你要提出一个问题：为什么，来了解该结论是否有道理，是否可信。

于是我们询问该会员，为什么他认为食品社区团购生意可以快速带来现金流？

答："因为身边很多朋友看好这个模式，也有朋友过去一个月从事类似食品社区团购的业务已经获得成功，带来了不少现金流。"

请问，该会员的上述理由你认可吗？事实上，以上理由并不能成立，因为他的推理犯了"诉诸公众谬误"的错误。所谓"诉诸公众谬误"，即某一看法广受欢迎，不代表其就一定是好的。个别人做这事情的成功，不能作为你做必然也能成功的理由。

3．哪些词语意思不明确

交流时，只有你真正理解了对方的关键术语和词组的意

思，才能对其论证进行评价。此时，有效的提问是：你这样
说是什么意思？

例如，针对"食品社区团购生意可以快速带来现金流"，你
可以不断追问：

- 你说的社区团购生意具体是做什么？
- 具体是卖什么东西？
- 现金流具体指多久能达到多少？

经询问得知，该会员的本意并非自己做团长，帮助自己小
区居民提供自己公司的品牌食品，而是希望搭建一个平台，一
方面联系其他食品品牌，而非只销售自己品牌的食品，另一方
面联系上海本地不同小区的团长。而能带来多少现金流，其实
他自己也不确定。

说服别人前，首先应核查你所表达的词语是否清晰明确，
否则接下来的讨论容易不同频，陷入"鸡同鸭讲"。

4．推理过程有无谬误

杠精的推理过程中往往存在诸多谬误，下面是其中常见
的3个。

1）提供的推理需要明显错误的或者让人不能接受的假
设才能成立，因此使推理和结论显得毫无关系。

例如，网上有一些关心足球的百姓说国足队员平均年收入达几百万，却总是在比赛中输球，认为国足能力和收入不匹配，提议重新梳理球队的管理机制，为以后赢得比赛做准备。

此言一出，就有球员出来反驳：你行你上啊，你们连球都不会踢，更赚不到钱，你们才是生活的失败者！

这个反驳和结论就毫无关系。该反驳直接忽略了关心足球的人士说的以后赢得比赛的目的，并且没有提出任何具体理由来反对重新梳理球队的管理机制，而是对关心足球的人士进行人身攻击，给其扣上了"生活的失败者"的大帽子。该球员在这里就犯了推理的谬误，因为他的论证需要一个和结论有关的荒诞的假设：你不会踢球，就没有资格评价我。

这样的杠精推理思维，即所谓的人身攻击谬误。人身攻击谬误是指针对个人进行人身攻击或侮辱，而不是直接反驳其提供的理由。如以上例子中，论证过程中球员反驳关心足球的人士会不会踢球、个人生活是否成功，均和其论证的主题毫无关系，只是在攻击表达观点的人，而不是在讨论观点本身。

再例如，疫情期间，一些员工需要居家远程办公，有些企业家内心不赞成这种工作形式，理由是如果实施远程办公，就会影响业绩。

我们接受这个理由的前提条件取决于这些企业家的一个隐

藏假设：远程办公会大幅降低员工工作效率，影响团队凝聚力。我们不能接受这样的假设，是因为我们相信，有很多方法可以解决远程办公效率降低的问题，比如你可以更关注工作成果，而非工作地点和时间。

这样的推理方式是滑坡谬误的一个例证。滑坡谬误是指假设采取提议的行动会引发一系列不可控的不利事件，而事实上却有现成的方法或程序来防止这类连锁事件的发生。

碰到类似情况，可以这样提问：如果这样做，有什么方法可以预防不利事件的发生吗？

2）把那些明明和结论无关的信息弄得好像和结论有关，以此来分散我们的注意力。

有些人为了防止你深入了解其行为背后的理由，会通过分散你的注意力来阻止你近距离查看。

同事甲：你昨天去哪里了，为什么不发给我你的工作小结呢？

同事乙：你总是找我茬，你的工作就没有问题吗？

同事乙的回复，让问题转移到同事甲身上，关注的焦点由"同事乙为什么昨天没有发工作小结"转为"同事甲的工作有问题"，从而分散了我们的注意力。此处推论错误之处在于，仅仅改变讨论的主题，很难被当成反对某一断言的一个论证。

遇到此类情况，可以这样提问：请问我们讨论的话题和你的理由有什么关系呢？

3）看似为结论找证据，而证据成立的前提取决于结论本身是否已经成立。

有时候，身边人给你的结论会自己证明自己，只不过表达措辞有所改变，目的是愚弄那些单纯简单的人。

例如，有人说，同事之间进行匿名相互评价，对同事们客观认知自我非常有利。因为每个人真实提出对他人的看法而不必填写自己的名字，这样做非常有助于同事们更好地了解自己。

不难看出，以上结论是由同一个结论来证明，只是表达词语不同，这样的认证其实是在回避问题，而非回答问题，这就是循环论证谬误。正确的理由应该是：匿名填写问卷，可以增加个人填写真实反馈的概率，不必担心自己的反馈被对方知道。

循环论证谬误是指在推理过程中已然假设自己的结论成立的论证。

遇到此类问题，可以这样提问：如果不用结论证明结论，你有没有更好的理由来证明你的结论？

本章小结

高质量的学习和对话，不是鹦鹉思维，真正的智慧来源于我们能讨论彼此之间的不同，如果一个团队没有质疑和坦诚地交换彼此的不同意见的能力，这个团队将会发现他们在原地一次又一次地讨论同一件事情。

讨论彼此间的不同，要摒弃杠精思维。你不是要舌战群儒，而是要以理服人。我们要利用提问，激发自己和他人的批判性思维。

批判性思维需要我们具备好奇心，挑战自己和他人的假设，虚怀若谷地接受各种不同观点，同时理性评判各种观点，然后在此基础上做出决策，并采取行动。

警惕工作生活中一些常见的推理谬误，检查对方的议题和结论是什么、理由是什么、哪些词或词组表达不明确，从而防止对方通过逻辑上的错误或其他带有欺骗性的推理来妄图蒙混过关，或将议题带入歧途。

本章思考

广告商为了更好地推销产品，往往采取一些模棱两可的说法，比如某某牌助眠胶囊，30 分钟见效。你认为这个广告语哪里有歧义呢？

第3章

提问到处在，提问好处多

如果你是一名个人贡献者（员工），你分内的工作就是回答问题。而如果你是一位领导，你分内的工作就是提出各种问题。

——杰克·韦尔奇　通用电气前 CEO

- 为什么很多管理者亲力亲为，身心俱疲，而其下属却不愿为自己的问题主动思考，或为其结果担责？
- 为什么会议总是低效，重大业务问题难以决策？
- 为什么企业内部文化是人云亦云，无法实现产品服务创新？
- 为什么上下级沟通存在障碍，跨部门人际关系一直紧张？

那都是因为你和团队还未营造出一种提问的文化氛围，导致整个组织缺乏共创、同频、担责的组织文化。

提问驱动思考，答案终止想象

提升领导力的最佳方法之一就是多提问，之二是鼓励他人提问。当我们学会提问并能真正提出好问题时，会让我们个人、团队和组织都焕然一新。

几年前，我作为高管团队教练，曾定期去一家国内标杆企业做高管圆桌会（各部门负责人和CEO以私董会的形式，每次选择一个重要问题予以解决），有一期的主题为：营销部门要不要接一个有较高收入但没有盈利的订单。问题的背景是当时行业普遍存在恶意竞争，竞争对手纷纷通过低价争抢订单，接下该订单意味着很可能无利可图，甚至会出现亏损。

现场大家发表了各自的观点：

- 营销部负责人认为，为了完成公司年度目标，这些订单可以接。
- 财务部负责人认为，没有利润的订单不应该接。
- 生产部负责人认为，只要产能跟得上，就可以接，否则空下来，设备损耗和工人的固定开支可不小。

- 工艺部负责人认为，不管订单是否有利润，产品质量一定要有保障，否则未来客户投诉起来可不得了。
- 技术部负责人认为，公司产品和竞争对手的产品其实是同质化的，所以客观上导致客户压价……

一时间大家七嘴八舌，最终还是无法达成共识，于是我邀请企业的 CEO 发表自己的看法。CEO 从不同维度对没有利润的订单进行了一系列有力的提问：

- 首先要清晰定义什么是无利润订单，这个利润到底该如何核算？财务部门和负责业务的营销部门对无利润订单的定义是否一致？
- 虽然这次订单没有利润，但长期看有利润，那接不接？
- 假设无利润订单来自公司的大客户，不接可能影响到长期合作又该怎么办？
- 从宏观环境看，目前经济形势不好，很多小的竞争对手已经熬不住了，我们是行业标杆，还经得起恶意竞争，如果接下这个订单，可以多久拖垮这些对手？
- 我们的产品如何创新，可以为客户提供差异化价值从而避开恶意低价竞争？
- 是否要对客户做分类梳理？看看哪些好的客户的订单可以多接，哪些差的客户的订单可以少接甚至不接？

CEO 的这些提问，引发了高管团队的思考。

作为教练，我也补充提了一个问题：关键不是马上决定接还是不接，请大家花 15 分钟一起商议下，站在公司而非部门的角度，选择接或者不接的最重要的 3 个标准是什么？

这个故事给你什么启迪？

精进提问能力对组织的好处

一、提问是发现问题的金钥匙

从企业重大问题破解角度看，问题无法解决，80% 的原因是你无法定位问题，而提问正是定位问题的金钥匙。

工作中，大部分管理者一遇到问题，就立即提出方法，殊不知，这恰恰是解决问题的大忌，结果只能是头疼医头脚疼医脚。优秀的领导者遇到问题，首先是利用提问洞察问题背后的本质问题，而非立即给予建议，通过提问激发不同利益相关方从不同维度看待同一个问题，从而大幅提升决策质量，极大程度地促进产品、服务和组织运营等方面的创新和突破，最终增强组织的竞争优势。

二、迅速数倍提升团队会议效率

会议决策往往会受到团队成员心智层面的消极因素的干

扰。诸如，有的团队成员各持己见，不同观点的争论使得他们无法做出理性的讨论；有的成员选择沉默或附和，随波逐流，不轻易表达自己的真实看法；也有的管理者在会场习惯于一言堂，滔滔不绝，不能听取各方不同意见。

个人认为，从某种意义上说，能开好会议的企业都是好企业。这些年我有幸被国内知名企业如海尔、阿里云、平安租赁、特变电工等邀请去主持某些高级别的战略研讨会，其中一个原因是我能运用商业决策教练技术，帮助企业开好重大业务项目会议。一方面引导与会人员遵循科学的决策思考流程，紧扣目的、核心议程和期望成果，防止跑题；另一方面，我可以通过提问，让那些认为自己对、别人错的人，换位思考，先思考自己的观点哪里有问题，别人的观点哪些是合理的，通过底层心智模式的重塑，创造良好的会议氛围。

三、激发团队创新

爱因斯坦曾说，**提出一个问题比解决一个问题更重要**。因为解决一个问题也许仅是一个数学上或实验上的技能而已，而给出新的提问，需要从新的角度去看问题，需要有创造性的想象力。创意改变企业，提问增强企业竞争力。事实上，苹果手机、宝丽来、爱彼迎、斯沃琪、佳得乐等众多知名品牌的诞生都来源于提问。

截至 2015 年，全世界已有 130 多位犹太人获得诺贝尔奖，犹太民族的人口占世界人口的比例不到 0.2%，获得的诺贝尔奖约占全世界的 24%，且涵盖各个学科领域。

而其中以色列自 1948 年宣布建国后，在短短几十年时间里成功地从一个资源匮乏的小国一跃发展为当今世界上现代化程度最高的科技强国之一。

以色列人口数仅 800 多万，但产生了十几位诺贝尔奖获得者，取得了举世瞩目的成就，是名副其实的科技创新强国和人力资源强国。

以色列教育部前部长夏伊·皮隆认为最关键的，还是在于他们的传统。在以色列，人们不喜欢沉默，喜欢问问题，喜欢对话和争辩。他们常说，每天不提出新问题的人是没有资格睡觉的。鼓励学生踊跃提问，这是以色列教育至关重要的一点。以色列的教育特色是不会规定标准答案，问题的答案往往不止一个，有的甚至无解。犹太儿童在 13 岁时要举行成年礼，那时大人会问他们："你有什么问题？给我们一个好问题，好吗？"教育孩子时要多问为什么（Why）和怎么做（How），这才是创新思维和学习的关键。[⊖]

⊖　潘雅.继承和发扬根植于民族血液里的创新精神：访以色列教育部部长夏伊·皮隆 [J]. 世界教育信息，2015（1）：1-4.

事实上，提问能力更是具有创新意识的商业领袖取得成功的一个关键因素，通过正确提问能有效解决问题、塑造共创和担责的组织文化，极大程度地促进产品、服务和组织运营等方面的创新和突破，增强组织的竞争优势。

四、防止亲力亲为的管理风格

提问是衡量领导力的一个重要标准。提升领导力的最佳方法之一就是多提问，之二是鼓励他人提问。当我们学习提问并真正提出好问题时，这些提问会让我们的个人和团队都焕然一新。

杰克·韦尔奇在其著作《赢》中指出，领导者必须真正成为提出最多、最好问题的人。领导者和管理者的主要区别在于，领导者善于提出问题，激发团队思考和担责，而管理者则亲力亲为地聚焦于回答所有提出的问题。

不会提问，直接给予下属答案和一言堂型的管理者，一方面，自己身心俱疲，决策效率降低，也制约了团队的成长。因为他不会提问，在无形中就助长了团队的惰性，导致团队成员遇到问题习惯找领导要答案，这样不仅剥夺了团队成员的思考，同时极大降低了决策效率。另一方面，也造成了团队对结果不担责，因为团队成员只是执行一个自己内心或许还不认同的决策。如果领导者能利用提问激发团队深入思考，为团队成员提供独立解决问题的机会，结果可能就会完全不同。

五、良好的提问可以大幅促进上下级之间的有效沟通

一个优秀的主管，应该像教练那样去启发和辅导下级，帮助员工成长。

教练行业有个经典"GROW 模型"[⊖]，上级管理者可以运用此模型用提问的方式与下属对话。许多世界 500 强公司专门聘请高管教练，定期与其高管运用此模型进行 1 对 1 沟通。事实上，GROW 模型是教练技术中最常用的有效工具之一，也是很多世界 500 强管理者必学的思维模式之一，意图是帮助团队成员，辅导他人，帮助他人成长，是设定目标并寻找解决方案的有效工具。

GROW 模型可以帮助团队成员厘清现状，减少干扰，使其能够从内心找到相应的解决办法。事实上，此模型不仅适用于工作，也同样适用于在生活中和家人朋友对话。

同样，如何有效向上管理，这个话题也让企业中很多下

⊖ GROW 模型，G（goal）是聚焦目标，你想要什么？R（reality）是厘清现状，你现在在哪儿？O（options）是选择策略，你能做什么？W（will）是强化行动意愿，你将要做什么？
惠特默 . 高绩效教练 [M]. 徐中，姜瑞，佛影，译 . 北京：机械工业出版社，2019.

属感到头痛。

日常工作中，如果你觉得上级的行为对企业发展或其他同事不利，你会怎么做？相信很多人会选择事不关己，高高挂起。但如果上级的行为对你本人非常不利，你感觉个人受到了不公正的对待，那你的反应又是什么呢？

这种情况下，很多人会选择隐而不说，秘而不宣。个别人可能忍无可忍，选择默默离职，抑或和上级争吵，以发泄心中不满。

从组织及个人发展层面来看，以上几种选择都不甚妥当。如果选择隐而不说，那么上级便无从知道你的郁闷感受，也无法了解自身不足；如果选择离职，从某种意义上说你的职业生涯就经历了一次弯路；如果选择直接对上级发泄情绪，会激化双方矛盾。

比如上级王总让你立即招募外部专家提升工厂运作效率，你有不同观点，你认为通过优化工厂运营流程或培养现有工厂的负责人才是提升工厂运作效率的更好方式，这个时候，你就可以通过以下提问和上级沟通。

王总，请问您真正的目的是提升工厂运作效率吧？我对这个目的的完成有不同思考，我想和您分享下，可以吗？

你看，当和上级意见不一致时，我们可以谦逊探询，诚恳反馈。

在组织扩展的过程中，沟通经常成为降低管理成本的一个重要挑战。随着企业规模的增长，上下级之间的沟通往往变得复杂和低效，不少上级认为自己无需改变，应该是下属需要改变，而不少下属和上级沟通的时候，会向上级隐瞒自己的不同观点和真实想法，不愿分享自己行为背后的理由、动机。这样的沟通模式不仅降低了团队的决策质量，造成紧张的团队关系，导致执行结果差，还削弱了团队的有效性，最终导致企业陷入困境。

然而，通过营造一种提问的文化氛围，我们可以显著降低这一管理成本。

提问鼓励了双向沟通和开放思考。下属可以通过提问明确任务、理解目标和澄清预期，从而更好地与上级协同工作。同时，上级通过 GROW 等提问模型也可以更好地理解下属的需求和挑战，促进更加精准的决策。

此外，提问的文化鼓励了诚实、透明和相互尊重。它消除了不必要的层级感和权威感，员工更愿意分享自己的想法和反馈，从而加强团队之间的联系和信任。

总之，善用提问不仅能够促进上下级之间的有效沟通，还能建立更加紧密、协作的工作环境。

六、良好的团队关系也离不开提问

新生代"95后"员工已经步入职场，他们更希望在工作中得到认同、尊重，而非指责和批评。

以问题本身为导向的主管会这样问：问题出在哪里？

说教式的管理处处可见，很容易导致人际关系紧张。事实上，每个人都希望被认可，但批评和指责已经成为许多企业日常沟通的主旋律。

欣赏式探询 [⊖] 则会问：哪里需要提升？

欣赏式探询强调关注个人和组织积极、优势的一面，而不是当下问题的解决，它强调欣赏鼓励，而不是关注短板和不足、控制和指责。

多表扬、少批评指责的管理方式能更好地促进良好的团队关系，因为它强调了个人和组织的优势和积极面。人们天生渴望被认可和理解，欣赏式探询满足了人们的这一需求，从而增强了彼此的信任和尊重。

通过强调员工的长处和努力，可以激发员工的积极性和

⊖　欣赏式探询（Appreciative Inquiry，AI）：秉承"精诚合作、共同发展"的理念，将人群组织或社区视为一个有机的生命体，通过系统地发现并激活组织生命最大效率与能力的经济、生态和人性方面的优势谋求个人、组织及外部世界的美好未来。
库珀里德，惠特尼. 欣赏式探询 [M]. 邱昭良，译. 北京：中国人民大学出版社，2007.

创造力，可以鼓励员工更加自信和投入，从而促成更高效的合作。

相比之下，过多的批评和指责会导致恐惧和不满，削弱团队凝聚力。这样的环境阻碍了开放沟通和创新思维。

总之，通过多表扬、少批评指责的管理方式，我们不仅可以增强员工的满足感和归属感，还可以建立一个更加和谐、协作的工作环境，从而推动组织的整体成功。

本章小结

好领导，问的多，说的少。

正如美国心理学家约翰·斯塔希·亚当斯所言："那些最聪明、最有创造力、最有生产力的组织，以及那些最有才干的领导者，他们之所以成功，并不是因为他们能够回答问题，而是因为他们营造了一种提问的文化氛围。这种氛围能够激发人们深入思考并具有战略意义，同时能够极大程度地促进产品、服务和组织运营等方面的创新和突破。"通过提问，整个组织逐渐形成共创和担责的文化，员工个人也会打开通往新想法的大门，自我承诺去完成任务，从而实现个人和组织共同成长！

本章思考

提问的好处具体有哪些?

A：好提问帮助发现问题，破解工作难题。

B：提问能大幅提升决策会议效率。

C：提问能促进团队成员的协作关系。

D：提问激发产品服务创新。

E：提问帮助上下级更好沟通。

F：维护良好的团队关系。

第4章

不恰当和恰当的提问

提问是最为基本的认知元素，它用于引导人们的推理。可以说，提问是解决几乎所有复杂问题的核心所在。

——戴维·H.乔纳森 《学会解决问题：
支持问题解决的学习环境设计手册》

好的提问，不仅能维护好同事关系，更能引发思考，产生好的答案，促进问题高效解决。

但是实际工作中，不恰当的提问比比皆是，一旦你问错了问题，就很可能无法得到想要的结果。

或许你会问，什么样的提问才是管理者最常见的不恰当提问？

常见的不恰当提问

那些旨在为自己开脱，并打击别人的提问就是不恰当的。这种提问会触发对方的防御心理，让下属泄气并引起抵触，而非引发思考，引导其主动承担责任，最终解决问题。

1．出了什么问题？哪里出现错误

此类提问往往会直接打击对方的自信心。问题出现后，与其探究是哪里出了差错和过失，不如关注如何可以达成目标。由此，可以转为更加积极的提问："我们在哪方面做得不错？我们怎么做才能更接近目标？"

2．谁该为此负责

此提问的缺点是会让人感觉管理者是在为自己开脱，寻找替罪羊。日常工作中，大部分情况下，一个问题的产生，很多人都要担责。当管理者追究下属责任时，通常是在为自己开脱，这不是一个成熟管理者的选择，恰当的提问应该是："我们该如何通过更好的协作来避免问题再次发生？"

3．你为什么不这么做？你有没有按照我之前指示的去做

此类提问属于诱导性提问，提问者的问题中就包含了其

假设，即提问者给出过指示，但被问者没有按照指示去做，重点还是在关注过去，旨在批评责怪下属。但提问者把自己的工作方法强加给他人的结果就是：1）提问者预先给出的方案，限制和误导了实际执行者的行动；2）引起对方的厌烦情绪。

要激发团队成长就应该允许他们提出想法，恰当的提问应该是："你怎么看待这件事呢？你对此有什么更好的不同想法吗？"

4．我们不是已经试过这个方法了吗？为什么还要做

曾经做的方法就不该再考虑了吗？过去行不通，或许不是因为想法本身有错，而是执行不力或时机不对。恰当的询问应该是："如果重新考虑这个方法，这次会有什么不同？怎么做才能改变上次的结果？"

生活中的不恰当提问可谓比比皆是，但通常却很少被人发现，我们很少听到有人说，你的提问质量不高。

因为，当听到一个问题的时候，我们习惯先思考如何回答，鲜少质疑问题本身，去关注对方为何这么问，更别说思考关注这个提问本身的质量如何。

从现在开始，你不妨关注一下生活工作中遇到的提问情景。关注提问本身的质量，如果对方的提问是明显的不恰当

的提问，不妨尝试练习用和善的方式及恰当的提问转述该不恰当提问，引导对方关注现在和未来。此处需要注意的是，要心怀好奇，避免带着指责的态度向别人了解情况。要想解决问题，首先应该从自己提出友善又能引发对方思考的好问题开始。

那什么是好提问，以及怎么样可以提出好问题呢？

解决问题的恰当提问

当问题摆在我们面前，却苦于无法得解时，我们就会主动提问。

比较有力的提问如下。

（1）**定义的提问**，例如："这是什么客户？"

（2）**比较的提问**，例如："A 和 B 有什么区别？"

（3）**解释性提问**，例如："发生了什么？"

（4）**因果关系中对原因的澄清提问**，例如："为什么产品系列不全导致合作客户少？"

（5）**因果关系中对结果的提问**，例如："如果员工们的积极性提升，会带来什么改变？"

（6）**程序性提问**，例如："你是如何完成新产品研发流程的？"

（7）**推理性提问**，例如："发生了什么导致客户流失？"

（8）**预测性提问**，例如："如果两个部门合并，会发生什么？"等 [⊖]。

就具体的问题解决而言，上述提问都是在问：问题是什么、为什么、问题的结果、产生原因、解决方案和方案的评估，这些提问都是非常有利于发现和解决问题的。

通过提问来发现问题，对于问题的最终解决是至关重要的，为了最终解决问题，你必须提出好问题，尤其是当你面临重大问题时，好的提问至少确保你不会草率下结论。

好的提问能帮助团队聚焦专注一个问题，去收集全面信息，引发深入思考，质疑和挑战那些理所当然的主观假设，从而更好地帮助团队理解问题本质，给同事们提供打开解决问题之门的钥匙。

如何提出好问题

就如何才能提出好问题，各类专家给出了许多不同的建议，在此我将其总结成三个职场提问锦囊分享给你。

⊖　乔纳森.学会解决问题：支持问题解决的学习环境设计手册 [M]. 刘名卓，金慧，陈维超，译.上海：华东师范大学出版社，2015.

锦囊一：开拓思维，站在更高的维度去提问

好的提问能帮助启发对方"升维思考"，从而发现更多新的可能性。你要从更高的维度看，问题处于全局的哪个部分？问题会产生怎样的广泛影响？

例如，一家咖啡店生意一般，为解决这一问题，只具备产品思维的人，可能会提出："是不是要推出新产品""要不要提升品质，让口感更好"等普通竞争对手都可能想到的一般性问题。对应的解决方案与竞争对手的差异性就可想而知。

但是，如果可以升维思考：客人为什么要来店里喝咖啡，答案或许是他们想找一个安静的地方看书，或许是约了朋友来谈事情，由此可以发现咖啡店的本质在于创造一个合适的环境，产品本身的品质和口感就不再是该关注的首要问题。这个品牌就是星巴克。

同样的问题，另一个品牌选择这样问："用户为什么要喝咖啡？"

他们通过调查发现，其实不少客户对咖啡并不太懂，主要关注的是咖啡的提神功效。

提神功效不一定要到店里才能满足，因此针对因客流量不够导致的咖啡门店经营困难可以提出这样的问题："生意一般是因为客流不够，如果咖啡可以外卖送上门，会怎么样？"

瑞幸咖啡的迅速崛起正是得益于这种升维思考后提出的一系列好问题。

不同的提问，代表了不同的思维，带来了不同的结果。

如果只有产品思维，你想到的只是口感、新品等。产品思维本质上只是手段思维，考虑更多的是具体方法，是 How（怎样）。

但如果你站在更高的用户思维的维度去提问，你会先问目的 Why（为什么），而非手段 How（怎样），通常，特殊疑问句（为什么、怎样，例如"客户为什么要喝咖啡？"）要比一般疑问句（是否……，例如"客户是不是希望咖啡口感更好？"）更能激发反思，并使对话更加深刻。手段是为目的服务的，目的变了，手段就变了，目的不变，手段也可以不同。

锦囊二：利用提问，促进对方的深刻反思

有时候，鉴别一个提问是不是好提问，就是看对方是否需要想一想后才能回答。一个有力的提问会立即让对方开始反思，而非马上随口作答。而这种反思，往往是对自己心智的反思，会让对方走出舒适区，意识到自己的认知盲区。

有一次去某个标杆企业做高管小组会，我让与会高管每人

拿出一张白纸，左边写出他认为目前企业最严重的问题，你猜他们用了多长时间写出来？主要写了什么？

现场每个人基本上1分钟都可以写2～3条。后面的分享环节，大家轮流读出自己所写的内容，结果大都是别人或别的部门没有做好的事情。例如，销售部负责人认为，生产部没有及时按客户订单需求履约，进而影响销售业绩，引发客户投诉。

高管们发言完毕，我开始提问。

首先，运用反问式提问："请在座各位反思，你所写问题的产生和你没有一点儿关系吗？"

接着，运用引导性提问："这个问题到现在还没有解决，你觉得你应该承担什么责任？"提问的目的是帮助高管们开始反思自己的责任，而非一味地抱怨他人。

15分钟后，奇迹出现了，通过有力提问，每个高管开始认识到，不少问题的主要责任在于自己，而非他人。例如，刚才生产部无法按时交付订单的一个原因是，销售部向生产部提交订单的时间太晚，导致生产时间不足。

锦囊三：在之前的提问或答案的基础上不断追问

不断追问是提问最佳、最简单、最有效的方法。高超的提问，需要你围绕对方表达的一个含糊的问题，不断追问到每个细节，帮助你迅速洞察问题本质。你需要像侦探那样，把对方的观点还原为一个一个的事实。

这里分享给你一个追问技巧：what exactly（主要是指？具体问题是什么？），运用此技巧可以帮助你详细了解整个故事的背景，并帮助你掌握那些最初对方或许不愿告知你的信息。

例如，一个外企销售总监小于的核心困惑是：**销售团队缺乏工作斗志**。为了弄清小于具体所指，可以运用以上追问技巧。

问：请问团队主要是哪个级别的人缺乏斗志？

答：一线业务经理。

问：具体有多少比例的业务经理缺乏斗志？

答：主要是负责偏远地区，需长期高频率出差的地区经理们，大概有 35% 的比例。

问：你认为具体是什么原因导致他们缺乏斗志？

答：这些人入职多年，基本都已组建家庭，也买房了，收入较高，他们不再像以前单身时那样有斗志了……

通过不断深挖的提问方法，可以让你像侦探那样，把注意力逐渐聚焦在真正有用的事实信息上。如果不经过这样的提问，而选择马上给出提升团队斗志的建议，就好比盲人摸象，容易以偏概全，没有针对性。

本章小结

提问是解决几乎所有复杂问题的核心所在，你必须熟练掌握提问技巧。

作为管理者，你平日会听到很多不恰当的提问，如果问错了问题，你就得不到你想要的结果。不恰当提问的形成，是因为很少人质疑提问的质量。不好的提问是在为自己开脱责任，并打击对方，从而引起对方的防御心和抵触情绪，好的提问则能引发对方思考，帮助对方建立信心去解决问题。

在工作中提出好问题最有效实用的三个锦囊：

1．开拓思维，站在更高的维度去提问。

2．利用提问，促进对方的深刻反思。

3．在之前的提问或答案的基础上不断追问。

本章思考

一家生产制造型企业的总经理对人力资源总监说："你立即帮我找一个专家来提升工厂生产效率。"人力资源部门立即着手招募生产专家。

请问如果你是该人力资源总监，你觉得该任务需求可能存在什么问题？如果你有一个向总经理提问的机会，你会问什么？

02

提问提升决策质量

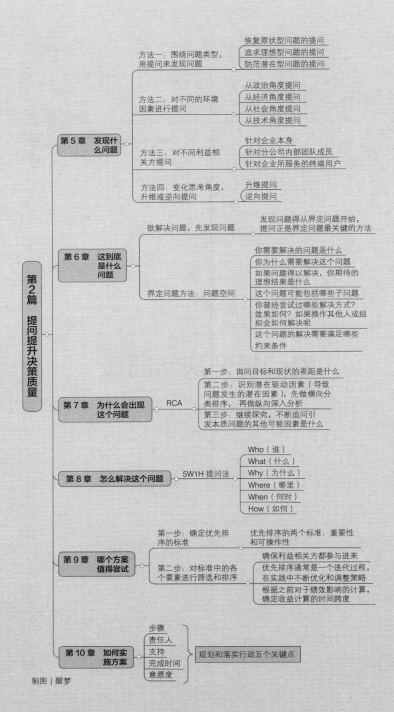

第2篇 提问提升决策质量

第5章 发现什么问题
- 方法一：围绕问题类型，用提问来发现问题
  - 恢复原状型问题的提问
  - 追求理想型问题的提问
  - 防范潜在型问题的提问
- 方法二：对不同的环境因素进行提问
  - 从政治角度提问
  - 从经济角度提问
  - 从社会角度提问
  - 从技术角度提问
- 方法三：对不同利益相关方提问
  - 针对企业本身
  - 针对分公司内部团队成员
  - 针对企业所服务的终端用户
- 方法四：变化思考角度，升维或逆向提问
  - 升维提问
  - 逆向提问

第6章 这到底是什么问题
- 欲解决问题，先发现问题
  - 发现问题得从界定问题开始，提问正是界定问题最关键的方法
- 界定问题方法：问题空间
  - 你需要解决的问题是什么
  - 你为什么需要解决这个问题
  - 如果问题得以解决，你期待的理想结果是什么
  - 这个问题可能包括哪些子问题
  - 你曾经尝试过哪些解决方式？效果如何？如果换作其他人或组织会如何解决呢
  - 这个问题的解决需要满足哪些约束条件

第7章 为什么会出现这个问题
- RCA
  - 第一步：询问目标和现状的差距是什么
  - 第二步：识别潜在驱动因素（导致问题发生的潜在因素），先做横向分类排序，再做纵向深入分析
  - 第三步：继续探究，不断追问引发本质问题的其他可能因素是什么

第8章 怎么解决这个问题
- 5W1H 提问法
  - Who（谁）
  - What（什么）
  - Why（为什么）
  - Where（哪里）
  - When（何时）
  - How（如何）

第9章 哪个方案值得尝试
- 第一步：确定优先排序的标准
  - 优先排序的两个标准：重要性和可操作性
- 第二步：对标准中的各个要素进行筛选和排序
  - 确保利益相关方都参与进来
  - 优先排序通常是一个迭代过程，在实践中不断优化和调整策略
  - 根据之前对于绩效影响的计算，确定收益计算的时间跨度

第10章 如何实施方案
- 步骤
- 责任人
- 支持
- 完成时间
- 意愿度
  - 规划和落实行动五个关键点

制图 | 醒梦

提问是发现和解决重大企业问题的核心领导力技能，优秀的领导者遇到问题，首先是利用提问洞察问题背后的本质问题，而非立即给予建议，分享一个我研发的"提问框架六步法"（见图 II-1）。

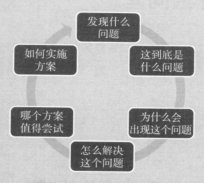

图 II-1　提问框架六步法

六步依次为：发现什么问题？这到底是什么问题？为什么会出现这个问题？怎么解决这个问题？哪个方案值得尝试？如何实施方案？

以上提问框架六步法按时间先后构成了提问的闭环，问题解决的不同时间阶段，使用者可以用以上六个提问和团队成员有效对话，从而帮助团队破解工作难题。

第5章

发现什么问题

调查就像"十月怀胎",解决问题就像"一朝分娩"。

——毛泽东《反对本本主义》

日常生活中，如果心脏感觉不舒服，你是会先去医院检查，还是自己直接去药房买药？

相信大部分人都会先去医院，因为只有先就医了解自己到底患了什么病，才能对症下药。

然而，在工作中，人们往往习惯于在发现问题之前，就急于着手解决问题，结果往往都是徒劳无功。

盲人摸象的故事中，每个人都以为自己摸到的就是一整只大象，因此各执己见、争论不休。无法发现问题的人就好比故事中的盲人，看问题容易片面，终因一叶障目而不见泰山。

案例

　　某个宠物行业的标杆企业，近几年业绩增长不错，但今年有个别分公司业绩却比去年同期下降了 50%。该公司 CEO 老贾的核心困惑是：如何提升分公司经理的能力，从而促进分公司的业绩达标？

　　过去老贾也提出过一些解决方法，比如公司过去数月一直在外部寻找能力强的分公司经理候选人，但符合条件的人很少，通过内部培训来提升个别经理的能力，效果也一般。对此，老贾显得有些无奈。

　　看到以上故事，你会提出什么样的好问题去发现问题呢？

　　或许你可以问：

- 过去谁负责去解决这个问题？
- 整个市场情况发生了什么变化导致业绩下滑？
- 为了提升业绩你们需要总部提供什么具体支持？
- 业绩要提升，分公司经理应该具备什么能力？
- 业绩下降，对团队会造成什么影响？

如果没有发现本质问题，马上直接在外面招人，或对内部能力不足的经理加强培训，效果就会大打折扣，因为没有对症下药。

问题无法解决，80% 的原因是无法发现问题。所以要解决问题，必须要先发现问题，作为一个高效的管理者，发现问题比解决问题更重要！

为什么管理者很难发现问题

管理者很难发现问题主要是因为管理者还停留在直接解决问题的思维上，缺乏提问意识，忽略了提问恰恰是发现问题的金钥匙。

曾有专家针对 17 个国家 91 家企业的 106 位高管进行研究，发现 85% 的高管认为他们的企业不善于发现问题，这个弱点会给企业造成重大损失，不仅无法解决问题，还会造成资源的巨大浪费。[⊖]

发现问题的过程是必要且漫长的，需要跳出"立即解决问题"的固有思维局限，学会站在更高的维度，俯瞰全局，从而引发思考，发现问题所在。而要做到这一点，就需要像

⊖　托马斯·韦德尔·韦德斯伯格. 你找对问题了吗？ [J]. 哈佛商业评论，2017.

医生看诊那样，先通过提问了解患者的症状等情况，而非直接开药。

什么是问题，问题的本质是什么

"问题"的英文单词是 problem，来源于拉丁文，原意是"障碍"。

问题的本质是期望与现状出现较大的落差，而且落差的原因不明确，但又必须立即采取行动去解决，三者叠加，问题就出现了。

上述案例中，如果有些地区业绩达成率是 95%，就没有问题，但如果只完成 50%，你并不清楚真正的原因，而且你又急于解决，问题就出现了。

如何通过提问发现问题

很多问题，观察者站在原有的角度是无法发现的，需要站在不同的角度乃至更高的维度才能发现。

可以尝试用下面四个方法去寻找问题，我们还是以老贾的案例为背景。

方法一：围绕问题类型，用提问来发现问题

根据问题的目的和发生时间，可以把问题分为三类：恢复原状型、追求理想型、防范潜在型 ⊖。然后根据这三种问题类型进行针对性的提问。

1．恢复原状型问题的提问

恢复原状型问题是指按时间计算，已经发生的问题。遇到这种类型的问题时，解决方案就是恢复原状。既然现状与过去的状况之间出现落差，就需要从落差中找出问题。

例如，当听到老贾说个别分公司业绩比去年同期下降50%，就可以这样提问：是什么导致了业绩下降？你们如何可以恢复业绩？

2．追求理想型问题的提问

追求理想型问题是指现状不符合期望的问题。因此，虽然目前还没有重大损失，但由于期望得不到满足，所以把它视为问题，解决方案就是达到理想状态。

例如可以通过以下提问发现问题：

⊖ 高杉尚孝 . 麦肯锡问题分析与解决技巧 [M]. 郑舜珑，译 . 北京：北京时代华文书局，2014.

如果业绩不太好的分公司经理，要在半年内名列前茅，他应该向业绩前三名的地区经理学习和借鉴什么经验？

3．防范潜在型问题的提问

防范潜在型问题是指按时间算，目前还并未发生，但如果搁置不管，将来就可能会发生的问题。解决方案就是维持现状。

例如上述案例，可以这么问：

分公司现在有哪些小问题，如果现在不解决，以后就可能变成大问题？

方法二：对不同的环境因素进行提问

对不同的环境因素进行提问，就是你要纵观全局，盘点当前业务。昨天的方法无法解决明天的问题，要解决明天的问题，你就要了解企业所在的市场环境。

每个问题都存在于特定环境中，你要主动思考，一旦环境发生变化，将出现什么后果。MBA课程中的"PEST"分析模型，就是从政治、经济、社会文化和技术四个方面判断未来趋势。针对以上四个方面可以分别这样提问。

- 从政治角度提问：中美贸易摩擦，对你的宠物出口业务有什么具体影响？

- 从经济角度提问：全球经济发展势头下滑，用户的可支配收入有所下降，这个对你们的产品销售产生什么影响？
- 从社会角度提问：现在养宠物的年轻人越来越多，我们的产品定位应该如何调整？
- 从技术角度提问：竞争对手的新产品采取了什么新技术，导致我们客户可能流失到对手那里去？

方法三：对不同利益相关方提问

这些问题会影响到谁？是如何影响他们的？以上案例中，分公司经理能力不足，就会影响到企业本身、团队成员和终端用户。我们可以针对不同利益相关方来提问。

针对企业本身：这些分公司经理能力不足，会对企业造成什么影响？

例如，业绩差，增加反复培训的成本。

针对分公司内部团队成员：会对分公司团队成员产生什么影响？

例如，团队成员成长慢，没有绩效，甚至有些优秀的团队成员可能失望离职。

针对企业所服务的终端用户：对我们终端用户会产生什么影响？用户希望改善什么？他们正在抱怨我们什么？

例如，会造成不良的用户体验，用户会选择投诉，并可能流失。

方法四：变化思考角度，升维或逆向提问

1．升维提问

爱因斯坦曾说："我们无法在制造问题的同一个思维层次上解决这个问题。"升维思考，就是从更高的维度来看，问题处于全局的哪个部分？问题会产生什么样的广泛影响？

例如，分公司经理能力不足，可以按照教练行业常用的"NLP逻辑层次"[⊖]（见图5-1）进行升维思考。

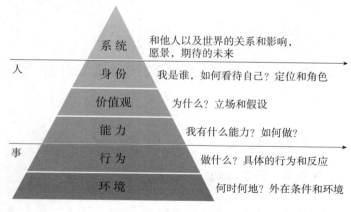

图5-1　NLP逻辑层次

⊖　英文全称为 Neuro-Logical Programming，即思维逻辑层次，由罗伯特·迪尔茨（Robert Dilts）整理提出。

根据 NLP 逻辑层次，**环境、行为、能力**称为下三层，是我们可以意识到的层次，而**价值观、身份、系统**称为上三层，需要我们不断审问自己的追求。

低层次的问题，往往在高一个层次思考就能轻易找到方法，可倘若在同层次或者更低一级层次寻找解决方案，就会事倍功半。

所以，针对这些能力不足的分公司经理，老贾可以在更高层次升维提问。

- 你加入我们公司希望实现什么梦想？你期望未来能做到什么职位？
- 你为什么有这个梦想？什么样的信念让你有这个想法？
- 为了实现你的梦想，你应该具备什么能力？

这些提问可以帮助其从根源上发现分公司经理能力不足的原因。

2．逆向提问

逆向提问，就是从相反的思考角度提出问题。

例如在老贾的案例中，用逆向思维该如何提问？当时现场有人这样问他：

"是否可以通过建立完善的内部人才培养体系，降低对分公司经理的能力要求？"

这个提问立即引起了老贾的深思，让他有机会从全新的相反的角度去看待问题，认识到自己的认知盲区：原来过去老贾一直死磕于如何提升人的能力，但或许搭建人才成长体系才是他更应该考虑的核心问题。好苗需要好土壤，土壤不好，再好的苗也很难成长。

本章小结

问题无法解决，80% 的原因是无法发现问题。所以要解决问题，必须要先发现问题，作为一个高效的管理者，发现问题比解决问题更重要！

而管理者无法发现问题，主要是缺乏提问意识。学会发现问题，就要跳出自己固有认知的思维局限，要升维思考，俯瞰全局，只有站得更高，才能看得更远。

问题的本质其实就是期望与现状出现较大的落差，要发现问题，你需要先知道理想目标是什么？目前现状在哪里？差距是什么？

那如何通过提问有效发现问题呢？可以围绕问题的三种类型、产生问题的不同环境因素、不同的利益相关方和升维或逆向思维四个方法，通过有力提问去发现问题。

本章思考

　　发现问题是在白纸上定义框架，更多关注是什么，为什么，要去探究"未知的未知"，解决问题只是在既定的框架里进行优化，更多关注怎么做，是去研究"已知的未知"。从这个角度而言，请思考，为什么不少企业产品质量不错，但就是无法获得市场成功呢？

第6章

这到底是什么问题

爱因斯坦曾说："如果我有一个小时的时间来解决一个问题，我会花 55 分钟界定问题，5 分钟思考解决方案。"

——史蒂文·霍夫曼，《让大象飞》

区分表象与本质

很多人认为的问题，比如员工工作缺乏积极性，其实只是表面现象，而隐藏在表象背后的才是真正的问题。什么是界定问题呢？界定问题就是对发现的问题做进一步的探究，你要发现问题背后的本质是什么。

案例

　　假如你是一栋写字楼的物业管理人员，一天业主向你抱怨电梯又旧又慢，等电梯时间太长。甚至有几名业主声称，如果不改善电梯，就拒绝交物业费。

　　面对这一问题，多数人都会马上寻求解决办法：更换电梯、安装更强劲的电动机，甚至升级运行电梯的算法。

　　但很少有人会思考这些建议对不对。在这个例子中，业主的核心问题是电梯很慢。

　　你作为物业想要解决问题，就应该先向业主提问："请问电梯太慢给您造成什么麻烦？"如果业主回答："电梯慢造成等候时间长。"那么你要解决的问题其实是"等候时间长"。这个提问技巧就是利用"So what"（因此，想表达什么呢）的方法，通过提问，可以把之前"电梯慢"这个现象，重构为"等候时间长"这个真正的本质问题，从而针对本质问题寻找解决办法。

　　电梯慢只是表面现象，是症状，电梯慢导致的业主等候时间长，才是表象背后真正的本质问题。作为管理者，要通过有效提问发现真正的本质问题，而针对"等候时间长"这个问题，物业不必更换电梯，可以选择在电梯旁边放个镜子，或放置电视广告屏，就可以降低业主因等候时间长而造成的焦虑感。

发现和界定问题

管理学巨匠彼得·德鲁克曾说:"没有什么比正确回答了错误的问题更加危险!"

要找到正确的解决方案,你就要清晰地界定什么才是根本问题,否则再正确的解决方案都是无效的,反而会造成资源的巨大浪费。

所以,解决问题前,先要发现问题。而要发现问题,就得从界定问题开始,提问正是界定问题最关键的方法。

界定问题:一个狮子头引发的餐饮店案例

有一次我去上海交通大学国际连锁经营与电子商务实战EMBA班授课,有个学员是淮扬菜传人(以下称小李),在扬州开了数家餐饮连锁店,主要经营以狮子头为核心的餐饮产品。在我准备讲解界定问题这部分内容前,我邀请小李上台与我互动,在15分钟内,我一共向小李提了12个问题,想要推动他自己去找到问题的解决方法。

我:目前你的连锁店中,有没有哪家餐饮店生意不是很好?

小李:有。

我:生意不好的主要原因是什么?

小李:因为这个店不卖狮子头,卖一个我不熟悉的轻奢类产品。

我：是不是不卖狮子头，生意一定不好？卖了狮子头生意一定能达到理想目标？

小李：不一定。

我：那卖轻奢品类的这个新店，月均要达到多少营业额能让你满意？

小李：至少不亏吧!

我：你认为这个卖轻奢品类的新店生意不好的根本原因是什么？

小李：主要是我不懂轻奢类定位的餐饮产品，我只会卖狮子头。

我：那你接下来提升此店业绩的解决方案是什么？

小李：找到外面懂轻奢产品的专业团队来管理此店铺。

我：根据生意业绩 = 客流量 × 转化率 × 客单价 × 重复购买率，你认为这个店最缺什么？

小李：客流量。

我：客流量分为新客流量和老客流量，主要是哪个流量不够？

小李：新客流量不够。

我：为什么新客流量不够？

小李：因为这个店选址有问题，它在一个新开发的商业区里，附近还没有大量的居民。

我：如果店的选址有问题，那改卖狮子头能吸引大量新客吗？

小李：不一定。

我：新客基本都不知道你在卖狮子头，如果新客路过店铺，但他之前都没有吃过你的狮子头，那他凭什么进店来吃呢？

这时候，小李没有马上回答，而是开始思考。

我接着问：如果店铺选址是生意不好的主要原因，那么你请专业的轻奢团队管理就一定能把生意业绩提升上去吗？专业团队管理能解决选址问题吗？

小李又陷入沉思……

在整个对话过程中，我并没有给予小李任何建议或答案，但最终这样真实的问答效果引起在座所有学员的深思，根据课后学员反馈，他们在界定问题环节收获最大。

经历新冠疫情冲击，一些品牌客流量急剧下滑，提升客户成交率越发重要。是否可以通过ChatGPT这一新技术，找到一些创新的发展契机？不同的提问方式会对ChatGPT给出的答案影响有多大？如果是你，这时你的第一个问题会是什么？

如果你直接问ChatGPT：**如何提升客户成交率？**

它的回答如图6-1所示。

> 🔵 提升客户成交率是企业增加销售收入和扩大市场份额的关键。👍👎
> 以下是一些建议，可以帮助您提高客户成交率。
>
> 1. 了解目标客户：通过市场调查和数据分析，了解您的目标客户群体的需求、兴趣和行为特点，从而更好地满足他们的需求。
> 2. 优化产品或服务：根据目标客户的需求和期望，不断改进产品或服务的质量和功能，确保您的产品或服务具有竞争优势。
> 3. 提高客户服务水平：提供优质的客户服务，及时解决客户问题，建立良好的客户关系，提高客户满意度和忠诚度。
> 4. 定制销售策略：针对不同客户群体，制定有针对性的销售策略，包括定价、促销、分销等。
> 5. 提高线上和线下渠道的整合：确保线上和线下渠道的顺畅协同，提高客户购买体验。
> 6. 提升营销效果：通过有效的营销策略和渠道，提高品牌知名度和美誉度，吸引潜在客户。
> 7. 增强客户沟通：主动与潜在客户建立联系，了解他们的需求和疑虑，并提供解决方案。
> 8. 优化销售流程：审查和优化销售流程，简化购买过程，降低客户的购买难度。
> 9. 数据分析和追踪：通过对销售数据的分析，了解客户成交率的瓶颈和提升空间，制定相应的改进措施。
> 10. 培训和激励销售团队：提高销售团队的业务能力和服务水平，设定明确的销售目标和激励机制，提高团队的积极性和执行力。

图　6-1

图 6-1 是 ChatGPT 几秒钟就给出的答案，你感觉怎么样？是不是觉得很全面，基本的框架出来了：了解目标客户，优化产品或服务，提高线上和线下渠道的整合，数据分析和追踪、培训和激励销售团队等，但也比较笼统。

但是，从破解工作难题的角度看，发现问题远比解决问题更重要。私董会里经过训练的学员都知道，问"是什么""为什么"，远比"怎么做"更能帮助有困惑的求助者。沟通应该首先从清晰的定义开始，而非直接回答问题。因为如果大家对同一个问题定义理解不同，那回答则南辕北辙。

上文 ChatGPT 的回答，也变相地告诉我们，要想得到自己满意的答案，需要我们继续挖掘。于是我接着追问："你的回答过于笼统，没有先界定问题，你应该反问我，你说的客户是谁吧。"

它马上向我道歉，如图 6-2 所示。

非常抱歉，您是对的。在回答问题之前，我们确实应该先明确问题的背景和范围。请您详细描述以下问题：

1. 您所说的客户是指哪种类型的客户？例如，是面向个人的消费者还是企业客户？
2. 您所在的行业和市场是什么？不同行业和市场可能需要采取不同的策略来提高客户成交率。
3. 您的产品或服务类型是什么？不同的产品和服务可能需要采用不同的方法来吸引客户。
4. 您目前的销售渠道和市场策略是什么样的？了解现有的策略有助于我们提出针对性的建议。
5. 您希望在多大程度上提高成交率？设定具体的目标有助于量化改进措施的效果。

请提供以上相关信息，我将根据您的具体情况为您提供更有针对性的建议。

图　6-2

向 ChatGPT 提了很多关于"是什么"的问题后,我开始向它发起新一轮的关于"为什么"的挑战。多年教练生涯让我坚信,对客户帮助最大的是助其洞察问题背后的本质问题,而非像老师那样直接回答问题。

因为在疫情期间,提升业绩最需要关注的未必是提升客户成交率,或许是提升客流量,因为如果没有客户,再高的成交率对业绩提升也是杯水车薪。

我问:"在回答成交率之前,你或许还要先问我为什么要提升成交率吧?对用户而言,或许提升客流量才是提升业绩的主要关注点,你怎么看?"。ChatGPT 给出以下回答,如图 6-3 所示。

您提出了一个很好的观点。在讨论如何提升客户成交率之前,确实应该先了解您关注此问题的原因。请您告诉我:

1. 为什么您认为提升客户成交率对您的企业非常重要?您是希望提高销售额、扩大市场份额还是有其他目的?
2. 您是否已经考虑过提升客流量?如果是,请分享您的现有策略,以便我们更好地了解您的需求。

请提供上述相关信息,这将有助于我们为您提供更具针对性的建议和解决方案。同时,我们也可以根据您的需求,讨论如何提高客流量。

图 6-3

　　至于提问对破解难题有多重要，我请教 ChatGPT：请问如果要破解难题，是应该先提问还是立即寻找答案？

　　它的回答如图 6-4 所示。

对于破解难题而言，先提问还是先找答案这个问题，其实取决于具体的情况。以下是一些可能的情况和建议：

如果你感到困惑，或者不确定问题的范围或限制，那么最好先提问。这可以帮助你更好地理解问题，并使你的思路更加清晰。

如果你已经了解了问题，并且有一些可能的解决方案，那么你可以先尝试寻找答案。这可能需要进行一些研究和探索，但是这可以帮助你更快地找到答案，并且让你的提问更具体和有针对性。

总之，无论你是先提问还是先找答案，都需要保持开放和灵活的思维方式，并且始终保持对问题的深入思考和探索。

图　6-4

　　ChatGPT 的回答还是有深度的，管理者在解决问题时，最容易犯的错误就是还没有清晰界定问题，对问题的范围和限制不了解，就着急立即提出解决方案。通过"如何提升客户成交率"这个案例，你可以看出只有高质量的提问，才会带来 ChatGPT 高质量的答案。

　　结合上面的案例，以后当遇到他人问你问题的时候，不要急着给答案和建议，可以尝试通过提问的方式，先去探索对方问题背后的真正的本质问题，否则大部分对话都可能是无效的。

界定问题的六个提问

问题空间 ⊖，由艾伦·纽厄尔与赫伯特·西蒙提出，是指问题解决者在头脑中对于问题可能情景所构成空间的再现（representation），并从中搜寻以便发现与解决方案相符的情景。

在此基础上，我和中欧国际工商学院校友刘滨结合自己在教练工作中与学员互动的经验，总结研发了"界定问题的六个提问"，还是用上面狮子头的案例来帮助你理解。

如果别人有困惑找你，你不必也不应该马上给予建议，而是通过以下"界定问题的六个提问"启发对方思考，帮助他找到真正的本质问题。

1．你需要解决的问题是什么

这是一个关于**问题现状**的提问。

小李的店铺中有一家店生意不好，他分析认为主要是因为

⊖　问题空间（problem space）由美国信息加工心理学创始人艾伦·纽厄尔和赫伯特·西蒙在研究人类问题解决时提出。

这个店铺没有卖小李最擅长的狮子头，而是卖了他不擅长的轻奢新品类。具体而言，你可以通过以下小提问，来了解对方所需要解决的问题是什么。

- 这个问题为谁解决？

解决问题，首先要确定问题所有者，不要越俎代庖。比如店铺生意不好的问题是帮店长解决？还是帮小李？谁更关心这个问题？

- 你能清晰定义关键词吗？

如果团队成员对同一问题的定义有不同理解，就无法提出达成共识的解决方案，比如生意不好，具体是指什么？生意是指收入还是利润？不好是什么意思？目标是什么？离目标差多少？

- 你说的这个问题，到底是你个人的观念还是事实？

生意不好，认为是因为没有卖狮子头，或者是因为自己不懂轻奢品类经营管理，这样的表达只是自己的主观理解，而非对生意不好这个现状的客观准确描述。

2. 你为什么需要解决这个问题（也是问题现状）

之所以不要马上给予他人建议，一个重要的原因是，或许这个问题并非本质问题，根本不重要，不值得聊。所以在提出建议前，先要判断这个问题是否值得大家花时间坐下来聊。判断的标准主要是问题的严重程度、发生频率的高低等。

例如小李的问题需要立即解决，否则这个新店铺就会持续亏损。

3．如果问题得以解决，你期待的理想结果是什么

这个提问旨在确认问题的目标状态。提出其他问题前，首先要确认问题解决的目标状态，在给出建议前，务必先和对方就目标达成共识，也就是对未来成功标准的描述，而且最好是量化的表达。脱离了目标，任何建议都是无效的，因为目标不同，方法不同。

所以互动中我问小李，如果卖了狮子头，生意就一定好吗？轻奢新品类需要卖到多少才能达到预期目标？最终小李确认其前期目标是至少不亏损。

4．这个问题可能包括哪些子问题

这个提问旨在确认问题的构成和提问因素之间的关系。换句话说，就是通过提问确认阻碍目标达成的核心因素和相关因素分别是什么。

例如生意不好的因素可以是客流量、转化率、客单价、重复购买率，所以当时我追问小李主要是哪个子问题在影响生意？在小李回复说主要是新客流量不够后。我继续追问，为什么新客流量不够。

关于如何发现根因，有很多不同的提问方式，例如，连问五个"为什么"等，后面章节将就此做详细讲解。

这里提醒你，解决方案一定要和达成目标的核心因素相关，否则方案基本无效。与其说找不到解决方法，不如说你还未发现问题的根因。

5．你曾经尝试过哪些解决方式？效果如何？如果换作其他人或组织会如何解决呢

这个提问旨在确认问题可能的解决途径。

在上面的例子中，如果没有有力的提问，小李的这个卖轻奢品类的店未来可能改卖狮子头，或者找个懂轻奢产品经营的专业团队继续经营。当时我只是在现场问了小李本人，如果是在小李公司，我们还可以询问其他高管和店长对这个问题的看法，因为针对同一个问题，每个人的看法不同。只有站在不同利益相关方的角度看问题，才能更客观。

6. 这个问题的解决需要满足哪些约束条件

约束条件分为内部约束条件和外部约束条件，内部约束条件往往指解决问题所需的资金、人员能力、时间、业务流程、标准规范等，外部约束条件有法规、政策、专利等。

例如，假设小李可以通过做广告增加客流量，但公司缺乏广告经费，这个建议等于白说，或者小李即使找到了懂轻奢产品经营的专业人士，但如果对方不愿去当地工作，或者开价高到小李无法承担，这些就是约束条件。

很多人提出建议的时候，往往不会去考虑此建议背后需要付出的代价，也就是有哪些具体的约束条件。结果浪费了大量时间，提出了一堆无法落地的建议。

本章小结

通过提问，可以帮助你发现真正的本质问题，即通过提问可以界定问题。

遇到同事向你求助，请不要急于回答问题，可以先通过"界定问题的六个提问"将对方的问题界定清楚，通过这六个有力提问启发对方自己寻找答案，而非直接给予答案。

界定问题的六个提问：

- 你需要解决的问题是什么？

- 你为什么需要解决这个问题？

- 如果问题得以解决，你期待的理想结果是什么？

- 这个问题可能包括哪些子问题？

- 你曾经尝试过哪些解决方式？效果如何？如果换作其他人或组织会如何解决呢？

- 这个问题的解决需要满足哪些约束条件？

本章思考

下属找到你说："领导，我想提升本月客户成交率，需要您给我更好的折扣优惠，以及促销品，另外需要 5 万元做网络广告宣传，您看帮忙批一下？"

根据本章所学，你将如何有效和他沟通呢？

第7章

为什么会出现这个问题

是马也，虽有千里之能，食不饱，力不足，才美不外见，且欲
与常马等不可得，安求其能千里也？

——韩愈《马说》

确认问题根因

确认根因，就是找到问题形成的根本原因。如果连产生
问题的根本原因都找不到，就很难提供针对性的解决方案。

例如，你感觉头疼，吃了几天止疼药，不疼了，就把药
停了。结果停药后眼睛却又开始疼痛，这是什么原因呢？

其实引起头疼的根本原因，可能有很多。比如，可能你新

配的眼镜度数过高，导致视神经疲劳，或者是你最近睡眠不足，经常熬夜，等等，这些都会引起头疼。要想真正治愈头疼，应该查找引起头疼的根本原因，而不是盲目吃止疼药。如果只是围绕问题的表面症状提出解决方案，头疼医头，脚疼医脚，不找到根因解决，那么问题肯定还会再出现。

工作案例

老郭是一家连锁店铺的总经理，管理着很多线下门店，但他发现今年不少门店的经营业绩，相比去年出现了明显下滑。于是老郭就召集相关人员开会，会上团队成员七嘴八舌，总结起来谈了以下几个业绩下滑的原因：

A. 现在店员任务重，工作时间延长了，员工接受不了加班。

B. 店员今年几乎没有任何培训。

C. 员工稳定性差，老员工流失。

D. 人力资源部对各店铺实施人员编制管控，限制新人录用数量。

E. 店铺服务人员数量不足。

F. 店铺数量今年急剧增加，团队服务能力跟不上。

G. 店铺客人多的时候，由于店员都很忙，就无法认真接待每个客人。

H. 生产跟不上，畅销产品断货了。

看到了这些原因，你认为哪个才是根本原因？如果你是老郭，你又将如何制订下一步的行动计划？你会先解决什么问题呢？

根因分析法

根因分析方法众多，这里分享根因分析法（RCA），具体而言，RCA把问题原因分为**人员**、**物质**和**组织**三个层面进行探究。

使用RCA法，一般可以分解为以下三个步骤。

第一步：询问目标和现状的差距是什么

我在"提问框架六步法"的第一步"发现什么问题"中提过，问题的本质是期望与现状出现较大的落差，了解具体落差是发现问题的关键。

在上面的案例中，如果你是老郭，你可以这样向团队成员提问：

- 今年业绩与去年同期相比有所下滑，请问具体下降多少？
- 业绩有很多细节指标，请问具体是哪些指标没有完成，差多少？

如果这样问，就会收获一些具体的信息，例如：

- 今年收入和利润率比去年同期下降了 30%。
- 25% 左右的门店业绩出现下滑，尤其是华北地区的店铺。
- 新客数同比下降 20%，老客户重复购买率下跌了 35%。

通过这样的问答，你就会对业绩下滑这个问题有更细致的了解。

第二步：识别潜在驱动因素，先做横向分类排序，再做纵向深入分析

注意，此步非常重要，驱动因素就是导致问题发生的潜在因素，这些潜在因素组成了问题发生的原因。以销售收入为例，简单来说就是销售收入少的驱动因素可以是客流量少、转化率不高、客单价低、重复购买率低等，这些因素组合在一起，就造成了销售收入少的问题。如果找不到潜在的驱动因素，那么，想要提升销售收入就会无从下手。

现在，你可以拿出一张纸，尝试把刚才案例问题的驱动因素在纸上列出来。你需要列一张清晰的框架图表，帮助你找到根因。

首先，在纸上画一根横轴，把导致问题的各种潜在因素从人员、组织、物质三个层面做水平方向的横向分类（见图 7-1）。

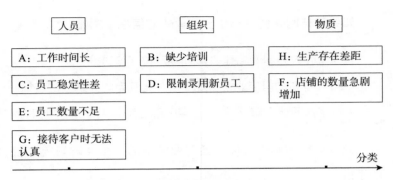

图7-1   问题驱动因素的横向分类

然后，再在以上横轴补出纵轴"分析"，接下来，把你认为有因果关系的影响业绩下滑的各种因素用箭头连起来（见图 7-2 ）。

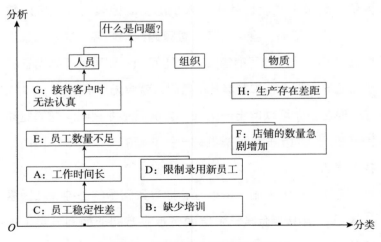

图7-2   问题驱动因素分类分析

老郭的问题使用"框架"进行整理后，可知经营业绩下滑不仅是员工数量的问题，在店铺数量和生产方面也有可能存在问题。由以上分析可知，老郭只需以下三个步骤，基本就可以确认根因了。

（1）讨论列出导致业绩下滑的众多驱动因素。

（2）就以上步骤列出的驱动因素按照人员、组织、物质三个层面进行分类。

- A因素（工作时间长）、C因素（员工稳定性差）、E因素（员工数量不足），G因素（员工工作繁忙，接待客户时无法认真）都属于人员层面的因素。

- B因素（缺少培训）、D因素（限制录用新员工）都属于组织层面的因素。

- F因素（店铺的数量急剧增加），H因素（生产存在差距）都属于物质层面的因素。

（3）将上述横向层面的各个因素再做纵向的深入分析，按照逻辑顺序重新排列，从而挖掘出根因。

就纵向分析排序问题，老郭可以这样问：

- 事件是按照什么顺序发展的，才出现这个问题？问题发生的根源因素是什么？

- 这些因素彼此间是什么关系，什么因素导致了下一个因素？哪些因素是根本原因，哪些只是随后而来的结果？

这样发问，老郭可能会收获以下的回答：

- A 因素（工作时间长），加上 B 因素（缺少培训），会导致 C 因素（员工稳定性差），D 因素（限制录用新员工），就造成 E 因素（员工数量不足）。
- 而 F 因素（店铺数量急剧增加），加上 E 因素，就会导致 G 因素（员工工作繁忙，接待客户时无法认真）。
- G 因素，最后加上 H 因素（生产存在差距），最终造成了业绩下滑。

如此分析下来，影响业绩下滑的三个因素分别是：H 因素（生产存在差距）、E 因素（员工数量不足）、F 因素（店铺数量急剧增加），而造成员工数量不足的根因你可以像上述框架图那样继续深入探究。

第三步：继续探究，不断追问引发本质问题的其他可能因素是什么

分析到这里，老郭不能仅仅满足于团队成员反馈的几个因素，还需要尽可能多地利用提问帮助他们找出更多的相关因素，比如：

- 品牌知名度如何？华北市场的用户消费习惯和其他地区有什么不同？
- 华北市场的高管团队管理能力如何？
- 竞争对手采取了什么新的措施？

…………

这些因素也可能导致店铺业绩下滑，为了简化目的，此处就不再具体画图分析。简言之，在分析问题的时候，不能遗漏任何重要的核心因素。

本章小结

一个复杂问题的产生，往往有诸多原因。找到这些原因，可以让管理者变得更理性和客观，而相互关联的原因在实际工作中可以找到，要通过提问找到根因，可以分为三步实施：

首先，询问目标和现状的具体差距是什么，把一个大问题的差距分解到每一个小问题的差距上。

其次，要找到问题的潜在驱动因素，需要从横向和纵向两个维度对问题重新排序和分解，直到发现根因。

最后，继续探究，不断追问引发本质问题的其他可能因素是什么。不断深挖，追根溯源，不能遗漏任何重要的其他核心因素。

本章思考

假设你的部下向你反映目前团队成员士气低落，他反馈了一堆原因，比如目前团队态度消极，员工没有晋升机会、很久没有涨工资、部门人手不够、工作环境沉闷、没有学习机会等，你将如何通过提问找到根因？

第8章

怎么解决这个问题

当好的想法出现时，我的一部分工作就是把它带到周围去，只是看看不同的人们是如何思考的，让人们谈论它，跟人们一起争论它，让想法在 100 人的团队里移动，让不同的人从不同的方面，再静静地探索它，就如你所知道的——只是探索未知。

——史蒂夫·乔布斯

既然脱离了根因的解决方案，就像失去了方向的飞鸟，只知道一味拼命地飞，却永远到不了目的地。那么确定根因之后，我们该如何制定有效的策略呢？

区分目的与策略

目的即方向，即简单清晰地描绘出你要做的事情。比如，你要解决的主要问题，或是想抓住的机遇。而策略是为达到目的所做的一系列选择，是完成目的的手段和方法。

例如，要实现业绩增长这个目的，我们有可能会通过推出新产品、拓展新地区、开发新用户、提升老用户复购率、增加在线销售渠道等不同的策略实现。

制定策略，也就是要求我们围绕问题的根因，从多个维度提出解决方案。那制定策略应该采用什么方法呢？

我们在工作和生活中，最常见的是头脑风暴法。但很多时候，因为缺乏有经验的主持人，头脑风暴往往会沦为一场七嘴八舌的无效会议，讨论非常零散，最后也无法达成策略共识，那遇到这样的情况该怎么办呢？可以参考下面的案例。

箱包品牌新产品研发策略制定案例

2013年时，我的工作主要是为传统企业设计互联网转型策略。我有个企业家朋友（以下称老秦），是从事箱包行业的，有自己的制造工厂，多年来一直在为知名一线品牌做代工生产。

老秦是个有理想的企业家，他一直不满足于代工生产。在积累了一定的箱包设计经验后，他就抓住机会，推出了自己的箱包品牌（"R品牌"）。它采用与一线品牌一样品质的原材料，选择与之相似的款式，但价格更低。

但没想到，R品牌线上线下的销量寥寥无几。这可把老秦愁坏了，于是他就邀请我们团队帮助他的品牌重新做定位。

R品牌产品研发应该采取什么策略呢？

经过数月调研，我们发现绝大部分互联网用户更关注的是箱包的质量和尺寸大小，而非老秦认为的品牌、价格、款式等因素。

同时我们也看到，箱包市场同质化竞争严重，很多箱包的设计欠缺人性化考虑，收纳功能设计非常粗糙。此外，调研数据显示，当时每年的出境人次数将近1亿，而这些旅客出国时往往会携带大尺寸箱包，但很少有品牌会在大尺寸箱包上做文章。

调研结束后，我们和老秦团队开了几次新产品研发策略会议，围绕新产品研发可能的几个策略方向，大家进行了头脑风暴。

看到这里，你可能比较困惑，制定策略前为什么需要提问？

因为提出问题，既能帮助你更好地理解新策略，又有助

于你挑战新想法，以确保你在开始实施策略前，已经考虑周
全。因而，以系统而全面的方式提出问题，对策略的制定非
常重要。

策略共创：5W1H 提问法

我们一起探索下如何通过提问来共创策略，这里主要向
你介绍"5W1H 提问法"（见图 8-1）。

图8-1　5W1H提问法

5W1H 提问法其实是一个简单实用的提问框架，其中
5W：Who（谁）、What（什么）、Why（为什么）、Where（哪
里）、When（何时）；1H：How（如何），制定策略时可以

从这六个方面进行框架性的思考和提问。

那如何进行 5W1H 的提问，从而催生源源不断的创意呢？

回到刚才的箱包产品案例，你可以根据 5W1H 依次提问。同时，要尽可能多提问，对于他人的回答可以不断追问。

1．Who（谁）

关于 Who 的提问，你可以先问：

- 谁是我们的目标用户？

    ——买大尺寸的箱包的人。

你可以继续追问，确保对方清晰表达想法：

- 主要买大尺寸箱包的是哪些人？

    ——出国人群。

通过这样的提问就可以清晰聚焦核心目标人群，是那些长途旅行（如出国）的旅客。

2．What（什么产品）

关于 What，可以这样提问：

- 用户用这个产品或功能做什么？该产品或功能为用户解决了什么问题？

  ——要研发一个出国场景用的箱包，实现耐摔、智能收纳、大容量的目的，以及提供一些智能功能，比如箱包位置显示等。

- 这个箱包应该在什么价位比较合适？什么颜色用户比较喜欢？

  ——大约 2000 元，比普通箱包要贵些，颜色最好能显眼，容易辨认。

3．Why（为什么）

比如，你可以这样提问：

- 用户为什么选择你的产品，而不选别的？

  ——这个产品和市场同类产品不同，专注于出国人群，出于人性化考虑，更耐摔、有更人性化的收纳功能，还有自动测量箱子重量、防止超重和 App 操控的智能功能。

你可以继续追问：

- 为什么需要耐摔功能？

  ——出国的箱包经过多次运输，容易破损，耐摔是一个刚性需求。

- 为什么需要更人性化的智能收纳功能?

  ——化妆品容易漏，西装容易起皱，电脑容易摔坏，名片等小东西应该放在小夹层里等，智能收纳可以让东西存放更多，更安心方便。

- 为什么竞争对手还没有推出类似概念的产品?

  ——对手品牌定位泛人群，提供多种场景下的各种尺寸箱包。

4．Where（哪里）

你可以尝试这样提问：

- 我们打算在哪里生产此类箱包?

  ——自己的工厂。

- 未来，我们计划在哪里投放宣传广告?

  ——主要考虑在互联网上，因为针对的是年轻白领用户。

5．When（何时）

- 用户一般何时使用我们的产品?

  ——出国场合，或家庭多人出游场合。

- 我们打算何时开始新产品概念用户测试?

  ——下个月对新产品概念进行用户测试。

6．How（如何，什么方法）

● 用户将如何使用我们的产品？

——箱包会附上产品使用手册，用户扫描手册上的二维码就可以下载 App，App 里面有 R 品牌使用攻略的视频。

● 我们将使用什么样的销售渠道？

——主要是互联网第三方平台，如京东、天猫等。

经过这样的分析，最后我和老秦一致认为，我们应该聚焦在箱包的大尺寸、耐摔功能上，还要融合智能收纳功能，同时也提出了做一款能通过 App 拓展更多功能的智能箱包等一系列问题。

小贴士

现在，你已经了解了如何通过 5W1H 方法进行策略提问。最后分享给你两个小贴士。

（1）在制定新的策略前，首先要对曾经的策略方法效果进行反思。

团队成员要一起评估过去方案的得失，如果曾经的策略没有效果，要分析原因，总结经验教训，然后再开始寻找新方法。否则很可能会重蹈覆辙。

关于这点，你可以这样提问：过去做过什么？效果如何？为什么？

（2）不要一个人苦思冥想制定新策略，要多问问其他人、其他行业的做法。

要产生好的策略，一定要让持不同观点、具有不同维度视野的人参与进来。拿上面 R 品牌的箱包来说，市场部的负责人可以这样问：如果新箱包的定价为 2500 元，销售部同事会怎么看？

同时，务必跳出行业，看看其他行业遇到类似问题时是如何解决的，比如老秦邀请我们团队做品牌定位，因为我们不是这个行业的，反而思维不受限制。一般而言，创新的灵感往往来自其他行业，可以借鉴其他行业的做法，并应用到自己的行业里来。

比如你是做智能产品的，你可以这样提问：其他行业是如何做新产品的？像智能电子秤、智能手表等。

本章小结

策略是为达到目的所做的一系列选择，是完成目的的手段和方法，而制定策略，就是围绕问题根因，从多个维度提出解决方案，从而达到解决问题的目的。

对可能的策略进行有效提问，可以使用 5W1H 提问法。团队通过头脑风暴制定策略时，使用 5W1H 提问法，在一定框架范围内提问，可以有效防止思维太过发散。

策略制定的两个小贴士：

（1）在制定新的策略前，首先要对曾经的策略方法效果进行反思。

（2）不要一个人苦思冥想制定新策略，要多问问其他人、其他行业，看看他们是怎么做的。

本章思考

集思广益、群策群力是一种用来激发各种解决问题方案的方法，可以由个人完成，但团队集体商议，通过相互挑战假设进行则更佳。请思考为什么？个人苦思冥想具体有什么局限性？

第9章

哪个方案值得尝试

如果不能衡量，就无法管理。

——彼得·德鲁克

策略评估，明确重心

策略是指为了完成目的所采用的手段和方法，通过提问，可以催生各种创新策略。

不过，每当头脑风暴后，你和同事是否都会产生一堆策略？一方面，你可能觉得很高兴，另一方面你可能会有种晕头转向或者纠结的感觉，因为每个方案看起来都有它的合理性。那么鱼与熊掌，我们该怎样取舍呢？

此时恐怕很难做出决定，因为往往不存在最优方案，正确决策从来就不是为了得到正确答案，你需要在各种不完美的备选方案中做出明智的抉择。这时，真正的策略高手一定会对所有策略进行评估，再进行取舍。因为**策略太多就会失去重心，分散资源**，眉毛胡子一把抓，最终不免竹篮打水一场空。

只有对策略进行评估，把策略的效果进行量化，才能知道哪个方法值得花更多的时间和精力，哪个方法只需要简单尝试，哪个可以暂时不做。

策略优先排序矩阵法

为了让案例更有连贯性，我继续用 R 品牌箱包案例来做分析。

经过策略制定，老秦团队一致认为，未来 R 品牌可以聚焦在箱包的大尺寸、耐摔、融合智能收纳功能三方面，同时也提出了做一款能通过 App 实现更多功能的智能箱包的策略。

策略出来了之后，现在就要对策略进行评估。对于这四个功能，你觉得应该最先实现哪个功能，哪个功能可以暂时放一放？

　　策略评估有诸多方法，本章主要分享如何通过提问来做策略评估，介绍"策略优先排序矩阵法"。策略评估时，进行优先排序是至关重要的一步。

　　策略优先排序矩阵法，简单来说，就是用矩阵形式对各种策略进行统一的衡量进而做出决策。要确保把时间和精力聚焦在问题的核心要素上，主要有以下两个步骤。

第一步：确定优先排序的标准

　　一般来说，优先排序主要考虑两个维度：重要性和可操作性（见图 9-1）。

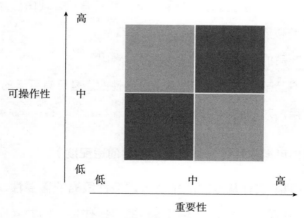

图9-1　策略优先排序矩阵

　　但在一些情况下，考量的维度可能不同（如用绩效影响代替重要性），下面就分别具体介绍这两个标准。

1．重要性（或对未来绩效的影响）

一般而言，新产品上市前，要考虑的重要性要素往往包括：产品的市场规模大小、市场潜力、竞争密集度、利润可观性、用户对产品的价格敏感度，等等。

所以，你可以这样问：

- 产品的市场规模有多大？值得做吗？
- 市场潜力有多大？过去几年内此类产品的复合增长率是多少？
- 竞争情况怎么样？同质化竞争程度高吗？我们如何与竞争对手进行区分？如果不能，我们有什么理由认为我们可以胜过竞争对手？
- 产品的利润空间大吗？回报可观吗？
- 产品某个功能设计，需求是刚性的还是可有可无的？
- 用户对产品价格敏感吗？

2．可操作性（也就是自身能力的适配度）

我们不仅要从理想的角度考虑各种策略的重要性，同时还要回到现实，要兼顾不同策略的可操作性，即要考虑自身是否有能力实施这些策略。

以推出新产品为例，你需要自问，实施这些策略的难度怎么样？从可操作性的维度需要考虑的要素一般包括营销能

力、研发设计能力、供应链能力、技术水准、资金准备等，
比如，你可以围绕这些因素进行以下提问。

- 面对未来的互联网年轻用户，以现有团队的能力一定能
  找到这些用户吗？
- 过去我们只是制造工厂，那现在我们需要什么新的研发
  设计能力才能满足用户需求？
- 现有的供应链和技术能力在多大程度上可以满足新产品
  及时推出的需求？
- 新产品上市需要的合理资金大概是多少？我们是否准备
  好了启动资金？

第二步：对标准中的各个要素进行筛选和排序

确定了策略，接下来要怎么做呢？比如现在 R 品牌箱包
的新品策略有以下几个功能需要团队决策：大尺寸、耐摔、
智能收纳和智能 App。那应该以哪些功能为主，哪些功能可
以暂时不用考虑呢？

可以把第一步确定的各个要素做个筛选，选择核心的几
个要素进行分析。为了方便你直观理解，我们从重要性和可
操作性这两个维度，分别挑选了两个核心要素进行分析，步
骤如下。

首先，选出需要决策的产品功能，及针对各个功能需要考虑的要素，其中市场规模、竞争密度属于重要性维度，而研发设计和供应链能力属于可操作性维度。

其次，评估每个功能对各个要素的符合程度，分别用数字1、2、3计入，1分代表最不符合，3分代表最符合。

接着，对每个要素给予一个权重分数，用1～5分评定，1分代表最不重要，5分代表最重要。

最后，把每个要素的权重分数与之前已填入的各要素得分相乘，最后相加计算总分（见表9-1）。

表9-1 重要性和可操作性核心要素分析

产品功能	维度要素				总分
	重要性维度		可操作性维度		
	市场规模	竞争密度	研发设计	供应链能力	
	权重				
	5	3	2	4	
大尺寸	3	3	3	3	42
耐摔	2	2	3	2	30
智能收纳	2	2	1	2	26
智能App	1	4	1	1	23

经以上演示后，绘制策略优先矩阵图（见图9-2）。

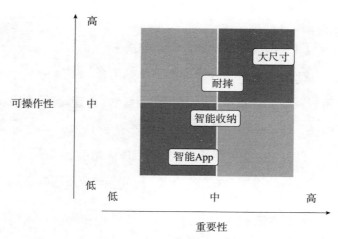

图9-2 R品牌策略优先矩阵图

你会发现对于 R 品牌的新产品而言，大尺寸是最重要的策略，无论是重要性维度还是可操作性维度分数都很高，而智能 App 这个策略可以暂缓，因为市场的吸引力程度不够高，而且目前自身能力也不匹配。换句话说，就是重要性不高，可操作性也不强。

小贴士

以上，你学习到了策略优先排序矩阵法，现在再分享给你三个小贴士。

（1）确保利益相关方都参与进来。

在第 8 章中，我给你的一个贴士是：不要一个人苦思冥想制定新策略，要多问问其他人、其他行业的做法，这一条在"策略评估"环节仍然有效。

此外，你不仅要站在本部门及本人角度看问题，还要听取其他利益相关方的观点，比如你可以反问自己：

- 还有哪些人或部门，乃至组织整体和这个问题有关？
- 他们具体会受到什么影响？影响的程度如何？

（2）优先排序通常是一个迭代过程。

不要指望通过首次评估，一次就能选择到最好的策略。你需要在实践中不断优化和调整策略。再好的决策也需要实践来检验，因为诸多不确定因素只有在实际发生时你才会发现。

（3）根据之前对于绩效影响的计算，确定收益计算的时间跨度。

在衡量绩效回报时，不仅要看投入、产出，还需要看回报周期的长短。你可以对预测的理想结果进行提问：需要多久才能收获预期的收益？

本章小结

策略是达成目的的手段，任何策略都不能脱离目的。你要试问自己，你的各种备选方案有多大可能能达到目的？如果你能仔细评估每一个备选方案的结果，你就能找到离你目的最接近的方案。

策略优先排序矩阵法，就是根据策略的重要性和可操作性两个维度，用矩阵形式对各种策略进行统一的衡量决策。你可以通过两个步骤对策略进行评估：

第一步，确定优先排序的标准。一般来说，优先排序是使用两种标准来完成的：重要性和可操作性。

第二步，对标准中的各个要素进行筛选和排序。

关于策略制定的三个小贴士：

（1）确保利益相关方都参与进来。

（2）优先排序通常是一个迭代过程，需要在实践中不断优化和调整策略。

（3）根据之前对于绩效影响的计算，确定收益计算的时间跨度。

本章思考

本章谈到的策略评估，只是众多评估方法中的一个，在日常工作中，你认为还可以同时考虑运用的策略评估方法有哪些，评估的具体标准又是什么？

第10章

如何实施方案

未有知而不行者，知而不行，只是未知。

——王阳明《传习录》

规划行动计划

"知道"只是基础和前提，要跨越从"知道"到"做到"的鸿沟，"行动"才是重点和关键，因此在选择好最优方案后，重点是如何具体落实行动。

工作中，不少管理者会抱怨和指责员工执行力差，执行工作任务时缺乏结果意识，导致项目拖沓严重，甚至不得不中途终止。可如果你再往深层次想一想，为什么这些员工没有很好地落实行动呢?

大致有以下几个原因:

- 员工内心还不认可上级制定的目标和策略,所以行动意愿不强烈。
- 员工还没有足够的勇气或紧迫感去改变和行动,还是习惯舒适区的工作状态。
- 员工没有预见行动上可能出现的障碍,过于乐观,最后发现根本做不到。
- 员工行动的时候单打独斗,没有想到寻求他人帮助。

那么,作为管理者,如何才能做到既不把自己的想法强加给下属,又能激发对方的执行意愿呢?

我的建议是:你可以在下属行动前,通过教练式提问帮助他规划行动计划。

R 品牌的行动计划提问案例

经过策略评估后,老秦团队制定了以下三个主要策略。

- 推出 28 寸以上的大尺寸箱包。
- 新箱包要比竞品更加耐摔。
- 在设计上,实现更好的收纳功能,箱包里不仅可以放更多物品,还可以按类别存放。

策略明确之后,就需要团队制订行动计划。该项目由产品经理小李负责,协调各部门相关人员,确保顺利上线。

这就意味着小李需要把三个策略分别转化为行动计划。本章将聚焦于第一个策略"推出 28 寸以上的大尺寸箱包"详细阐述。

如果你是老秦，你该怎样和小李对话呢？

强化执行的五个关键点

事实上，规划和落实行动大致可以关注以下五个关键点：步骤、责任人、资源支持、完成时间、意愿度（见表 10-1）。

表　10-1

序号	项目行动	步骤	重要性评估（1~10分）	责任人	资源支持	完成时间	意愿度（1~10分）
1	推出28寸以上的大尺寸箱包	用户需求调研	10	市场调研经理	外部调研公司	7月底	8
		新产品开发的构思创意	10	产品经理	市场部	9月上旬	10
		新产品设计	9	设计总监	核心管理层	11月中旬	9
		样本测试，小批量试产	8	生产总监	核心管理层	12月底	10
2	比竞品更耐摔						
3	实现更强大的收纳功能	……					

根据以上五个关键点，老秦可以依次向小李提问。

1．步骤（Step）

步骤，就是询问为完成目标必须做的所有关键事项。

例如老秦可以问：根据刚才说的策略，你要怎么做呢？第一步行动是什么？然后呢？

小李：第一步做用户需求调研，然后是产品创意，产品创意是开发新产品的关键，接着要实施新产品设计、样品测试和小批量生产。

此处老秦问小李要做什么，而非想做什么，是因为"要做"比"想做"听起来更坚定。

接下来，老秦接着问：如果对行动的重要性打分，1 ~ 10分，各步骤分别是多少分？为什么？

这个提问的目的是让对方自己对行动的重要性进行排序，1 分为最低，10 分为最高，确保日后根据行动的重要程度，及时跟进处理。

小李：

（1）用户需求调研，重要性 10 分，因为这是项目成功最为关键的一步。

（2）新产品开发的构思创意，重要性 10 分，因为如果创意不足，就无法形成清晰的产品概念。

（3）新产品设计，重要性 9 分，因为产品设计任务书确定后，就要开始一系列技术工作准备。

（4）样本测试，小批量试产，重要性 8 分，只要前面几个行动做好，生产环节就不会出什么问题。

2．责任人（Responsible person）

责任人就是要确认，每个具体步骤分别由谁负责。

老秦：谁将负责工作步骤的整体规划？之后，每个步骤又由谁来负责？

小李：我来负责总的具体工作计划，市场部研究经理负责用户需求调研，我具体负责新产品构思创意和样品测试，设计师负责产品设计任务书出来后的具体产品设计工作，生产总监负责生产技术准备和随后的正式生产。

3．支持（Support）

支持，是指负责人期望什么样的帮助，以及由哪些人提供帮助。

老秦：你需要哪些人知道这个行动计划？

小李：主要是市场部调研经理、生产总监、设计总监、销售总监等人。

这个提问主要是保证信息的畅通，如果相关同事很晚才知道计划的话，就会影响项目的上线时间。

老秦：这些行动可能会有什么障碍？你怎么样克服这些障碍呢？

小李：主要是用户调研，因为目前团队成员不专业，很难设计出一个科学的问卷。

这个提问的目的是预防未来可能出现的行动风险，比如对方还没有足够的专业能力采取某个行动，或犹豫不决等，这样通过教练式提问可以做到有效的事先管理。

老秦：你需要谁或什么资源来助你一臂之力吗？你怎么样能争取到这些帮助？

小李：或许我们可以请外部专业的调研公司来帮助我们调研，当然我们随时都需要秦总的支持。

这个提问是因为，支持可以是行动人所需的资源，也可以是告诉同事们你本人的目标行动，让他们成为你的担责伙伴，提醒你执行，和他人分享你的计划，也可以激发自我承诺，起到督促的作用。

4．完成时间（When）

这里是指需要明确每个行动开始和完成的时间框架。

老秦：那你打算什么时间行动呢？

小李：用户需求调研计划7月底完成，9月上旬完成新产品构思创意，11月中旬完成新产品设计，12月底完成样品测试和小批量试产。

这个提问是为了让对方自己明确具体执行时间，防止拖延。

老秦接着问：我怎么样知道你的行动进展呢？你可以在我们下次见面时告诉我你的行动小结吗？

小李：可以。

5．意愿度（Will）

最后是要确认和强化下属的执行意愿，询问对方有多大意愿去执行行动计划。

我们除了要问具体行动的重要性，也要了解执行者执行意愿的程度。如果下属有一堆行动需要完成，其中有些行动往往最后是很难完成的，那就请他删除那些无法完成的事情，教练型领导的目的是帮助对方建立和维护自信。

比如，老秦可以先请小李对自己的行动信心打分。

老秦：如果用 1 ～ 10 分来评估，你有几分确定自己会执行我们达成的行动计划？

小李：

（1）用户需求调研，8 分。

（2）新产品开发的构思创意，10 分，这是我分内的工作。

（3）新产品设计，9 分，这个我尽力推动设计师完成。

（4）样本测试，小批量试产，10 分，我和生产总监关系很好，他应该会积极配合。

此时，老秦可以就分数较低的环节进行追问：是什么阻碍你对用户需求调研这事打 10 分？

小李：因为我们公司过去没有直接做过调研，大家都不太清楚这个事情该如何做。

老秦：那你打算如何克服这个障碍？

小李：或许我们可以邀请外部专家，如果关老师团队愿意推荐一些调研专家给我们，我们就更有信心了。

在这个提问中，如果对方给自己打分小于 8 分，可以尝试降低任务量、找他人协助或者延长行动期限。如果经过各种尝试，打分仍然低于 8 分，意味着对方不太可能完成行动计划，这个行动就可以放弃了。

本章小结

只有下属自己有强烈意愿去执行，才会真正提升执行力。规划和落实行动主要有以下五个关键点。

（1）步骤：就是询问为完成目标必须做的所有关键事项。

（2）责任人：就是要确认，每个具体步骤分别由谁负责。

（3）支持：负责人期望什么样的帮助，以及由哪些人提供帮助。

（4）完成时间：需要明确每个行动开始和完成的时间框架。

（5）意愿度：确认和强化下属的执行意愿，询问对方有多大意愿去执行行动计划。

本章思考

（1）本章的行动计划或许和你日常在企业中实施的行动计划略有不同，主要是增加了一些教练式提问技巧，请反思教练型领导者和普通管理者在日常引导下属加强执行力方面，沟通风格主要有什么不同？

（2）本章关注的是如何在对方行动前进行提问，但如果某个行动正在进行中或已经结束，想知道行动效果，你又该如何提问呢？

提问提升会议效率

```
                                                          ┌─ 观点是主观的认知，没有真假之分
                            ┌─ 第11章  多讲事实，    ─┤   事实则是客观存在的情况，是有真假之分的。要用数据或其他
                            │          少说观点          │   客观证据来阐述观点
                            │                            │   将观点表达还原成事实描述，对关键词进行解释
                            │                            └─ 把问题的"主谓宾补"补充完整，问题描述多使用量化的词语
                            │
                            │                                                    ┌─ 具体影响：这个问题可
                            │                                                    │   能导致哪些不良影响
                            │  第12章  为什么这个问题    ─ 衡量一个问题的重要程度 ─┤   影响程度：这个问题对
                            │          如此重要                                   │   各方面的影响有多大
                            │                                                    └─ 发生频率：这个问题是
                            │                                                       否经常发生
                            │
                            │                            ┌─ 开放式提问是请对方说想法、提建议，目的是展开话题
  第3篇                    ─┤  第13章  多使用开放式问题 ─┤   封闭式提问是非此即彼的提问，是在让回答者做选择
  提问提升会议效率           │                            └─ 题，会关闭对话，无法引起思维的碰撞
                            │
                            │                            ┌─ 用途：用来识别和说明因果关系链
                            │                            │   具体操作方法：不断提问前一个问题发生的原因，直到
                            │                            │   对方回答"没有好的理由"或一个新的故障模式被发现
                            │                            │   时才停止发问，从而找到问题的根源
                            │  第14章  5WHY 追问       ─┤   误区：责怪对方或者围绕表面症状
                            │          问题源头           │   应用场景：在发现问题、故障排除，尤其是解决简单
                            │                            │   问题时，快速引向问题根源
                            │                            │                    ┌─ 第一步：问题陈述
                            │                            │   "5WHY"追问       │   第二步：问第一个"为什么"
                            │                            └─  法使用方法       ─┤   第三步：追问4个"为什么"
                            │                                                 │   第四步：知道何时可以结束追问
                            │                                                 └─ 第五步：聚焦根因，提出对策
                            │
                            │                            ┌─ 第一步：确定背景，选择一个你十分困惑
                            │                            │   的难题
                            └─ 第15章  问题爆炸法，催生高效会议 ─┤   第二步：开始爆炸性地提问
                                                         │   第三步：重新界定问题，发现自己的盲区
                                                         └─ 第四步：围绕新界定的问题，参会者分享
                                                            和建议，当事人采取行动
```

制图 | 醒梦

———

　　企业的会议效率直接体现企业的管理风格和水准，一个能把会议开好的企业，在我眼中基本就是一个有希望的好企业了。

　　我曾经邀请一些企业做有关低效会议的原因的调研，反馈结果经过汇总分析后，可以总结为两大原因。其一，团队成员人际沟通出现障碍，心智模式未升级，即采用"单边控制模式"⊖和同事沟通，其常见的不良表现有：坚持我对你错，或者沉默附和等。其二，团队成员处理事情方面没有按决策流程，即未按照本书第 2 篇的"提问框架六步法"组织会议，其典型不良表现为，还未界定问题，找到根因，就提出很多解决方案。

　　本篇内容将分享给你几个重要决策会议常用的实用方法。

　　⊖　施瓦茨.聪明领导，高效团队：如何提升团队有效性，取得更好结果 [M].关苏哲，刘滨，译.北京：电子工业出版社，2020.

第11章

多讲事实，少说观点

一件事实是一条没有性别的真理。

——纪伯伦 黎巴嫩诗人、作家

日常和同事开会沟通时，你是不是经常会遇到对方说的一些问题，你既听不太明白，也不知道该怎么回应的情况？

例如，在某个零售店的门店会议上，员工提出"产品价格太高，导致客人很少""市场竞争太厉害了"等问题，门店老板不知该如何反馈，觉得很难直接给到员工有效的建议。

会议中遇到类似的问题时，我们首先要做的是，请对方把问题讲清楚。

所谓讲清楚，即多讲事实，少讲个人主观观点。

区分观点与事实

每个人的阅历、立场、能力各有不同，所以对于同样的问题，会有不同的感知和理解。同样一个事实，不同的人在理解过程中，会加入不同的主观认知，进而得出的结论往往也是不同的，这样的结论很可能和事情本身有所偏差，我们把这样得出的结论叫作"观点"。观点是主观的，没有真假之分。

例如，你可能经常听人提起诸如市场竞争激烈、领导能力很强、活动场地宽敞等观点。

会议中，如果是基于观点进行沟通，往往难以达成共识。而在未达成共识的基础上讨论问题，往往可能出现"你说你的，我说我的，听起来说得都有道理，但就是说不到一起去"的情况。

事实则是客观存在的情况，是有真假之分的。在相同的语境中，每个人对同一件事实的阐述都是一样的。所以如果要在会议上实现有效沟通，就需要大家把各自的观点还原成事实，即用数据或其他客观证据来阐述观点。

例如，会议中有人讲市场竞争激烈，那就要讲清楚有多少竞争对手？有多少潜在对手？分别占据多少市场份额？讲领导能力强，那就具体说说，领导哪些方面的能力强？具体表现是什么？比如创新能力强，带领团队用半年时间成功研发了两个系列产品。讲活动场地宽敞，就把具体的指标讲出来。可以是其能容纳多少人，或者长、宽都达到多少等。当大家明确了事实之后，再进一步探讨。

会议中如何多说事实

会议中应将观点表达还原成事实描述，尽量让对方解释清楚关键词的具体含义，把问题的"主谓宾补"补充完整。

例如，当听到员工们说产品价格太高了，就先请对方把观点转化为事实描述，可以问："你是看到了什么，所以得出了这个结论？"

如果对方回答："我们经常遇到有些客人因为我们公司产品的价格高，而不愿意购买。"

以上句子中，主语是"我们"，谓语是"遇到"，宾语是"有些客人"，补语是"因为我们公司产品的价格高，而不愿意购买"。此时，可以通过追问，请对方把这句话中的相关"关键词"描述清楚。

- "我们"是谁？具体指收银区、体验区还是接待区的员工？

- "经常"的具体频率？每天还是每周？

- "有些"指哪些？到底是多少？

- "客人"主要是谁？学生、家庭主妇、办公室职员，还是指工人？

- "产品"具体指什么？手机、平板设备、配件，还是耳机？

- "价格高"的衡量标准是什么？比谁高，高多少？

经过对关键词的事实描述，我们就清楚地定义了"我们""经常""有些""客人""产品""价格高"等这些不明确的关键词，对问题的了解也更加深入。尤其值得注意的是，平时工作中分析问题，要多使用可以量化的词语，避免使用"经常""有些"这样的模糊词汇。

最终针对"我们经常遇到有些客人因为我们公司产品的价格高，而不愿意购买"分析出说话者想要表达的事实是：体验区的员工，每周末往往会遇到十几个学生，在购买平板设备时，反馈店里的价格比京东等购物平台贵了近100元。

本章小结

作为管理者，我们平日听到的问题大部分是观点陈述而非事实表达。如果缺乏事实数据的支撑，那你听到的更像是一种感性的表达，不同的人呈现出的是不同的观点。而事实描述则不同，它不会因为陈述人的不同而发生变化。基于事实沟通，大家就能很快对一个问题达成共识。

所以当你听到一个比较含糊的问题，而不知如何回应时，不要急于给出建议，而是先让对方把问题用事实描述清楚，在不断追问事实的过程中，你有机会帮助对方发现真正的问题，进而提供有价值的方案。

会议中，为了把事实描述清楚，把观点表达转化为事实，首先可以引导表述者尽可能把问题的"主谓宾补"补充完整，然后再把问题中的"关键词"定义清楚，问题描述要多使用可以量化的词。

本章思考

工作会议中，大家最常听到的一个问题是，如何可以提升业绩？如果被问者是你，你会用什么样的提问方式，引导对方通过说事实，把此问题表达得更清楚？

第12章

为什么这个问题如此重要

没有什么比正确回答了错误的问题更加危险！

——彼得·德鲁克

在实际工作中，仅仅把问题描述清楚就开始解决问题是远远不够的。因为这可能产生以下两个弊端。

第一，大家针对一个问题进行深入讨论后才发现，这个问题其实并不值得讨论，造成了时间的浪费。

第二，公司投入了各层级的资源，但解决了这个问题后，预期收益却不符合公司期望，对公司发展并没有产生重大影响，造成了资源的浪费。

因此，在讨论问题的解决方案前，我们还需要明确"这个问题值得讨论吗"或者说"为什么这个问题如此重要"。

案例

我曾经在一个企业开展高管工作坊，让每个高管写下各自目前最困惑的问题。

其中，财务部总监 Amy 写的是：如何让财务部新同事尽快熟悉公司业务部门的运作模式？原来财务部来了几个新同事，除了财务知识，她们不太关心业务部门具体的运作模式，在实际工作中，理解不了业务部反馈的一些问题，也就不能站在业务部同事的角度考虑问题，使得部门之间的沟通不太顺畅。

销售部总监 Alan 的问题是：如何让生产部满足销售部的订单要求？当时的情况是，销售部和客户签订了合约，但生产部却无法按合约及时交货。

生产部负责人 Ken 也是一肚子苦水，他认为销售部一些订单的生产需求过于紧急，很多原材料根本来不及采购，实在是没办法准时交货。

因为现场时间有限，我们只能选择一个问题进行深入探讨。请问，如果是你，会选择哪个话题进行讨论呢？

作为企业教练，不仅要引导成员正确地说出自己工作中遇到的问题，还要在讨论问题之前，了解问题现状，判断问题的重要程度，即"为什么这个问题如此重要"，避免浪费时间和资源，导致辛苦研讨一整天，只解决了一个毫不重要的问题的情况。

如何判断问题的重要程度

判断一个问题是否重要，首先，要确认此问题是 A 类问题，还是 B 类问题。

所谓 A 类问题即重大问题，需要立即解决；而 B 类问题是不重要也不紧急，可以暂时不用解决的问题。

有效的提问有：

- 这个问题可能导致哪些不良影响？
- 这个问题对各方面的影响有多大？
- 这个问题是否经常发生？

其中第一个提问中的不良影响不仅包括对当事人的影响，还包括对企业的影响、对团队的影响、对客户的影响、对更多其他利益相关方的影响等。

就不良影响，你可以从以下五个方面进行评估。

(1) 这个问题会导致公司业绩和利润下降吗？会影响企

业生存吗？

（2）这个问题会影响团队关系吗？比如导致人员争吵或离职？

（3）这个问题会影响当事人的身心健康和工作状态吗？

（4）这个问题会让团队成员降低自信心和自我认可度吗？

（5）如果这个问题不解决，是否会影响员工工作效率？

在询问和确定了问题的影响后，可以通过第二个提问，对问题的影响程度进行评估。可以用1～5分打分，1分表示有影响但非常轻，5分则表示影响非常大。

最后，可以用第三个提问，对问题发生的频率进行评估，同样用1～5分打分，1分表示频率非常低，几乎不会发生；5分则表示为发生频率高，经常发生，意味着该问题必须立即着手解决。

通过以上有效提问，从问题的**具体影响**、**影响程度**、**发生频率**三方面来分析，你就能判定问题的重要程度，判断出该问题是A类问题还是B类问题。

就先前案例，运用以上有效提问可以确认，财务部新同事不熟悉企业业务部门的运作模式，不会立刻给企业造成重大损失，可以判定财务部总监Amy的问题是B类问题。

销售部总监 Alan 提出的问题是不是 A 类问题呢？以下是我和销售部总监 Alan 的对话。

我："如果这个问题不解决，可能会导致哪些不良影响？"

Alan："如果生产部不能及时履约满足订单需求，很大程度上会影响销售部业绩，导致销售部无法完成公司制定的业绩目标。"

我："这个问题不解决会影响团队关系吗？比如跨部门的良好协作？"

Alan："事实上，销售部和生产部的同事，双方都有较大的负面情绪，甚至出现了争吵。"

我："这个问题不解决是否会让你感受到身心疲惫，夜不能寐？"

Alan："压力很大，感觉很累，有时候晚上还睡不着觉。"

我："这个问题的发生频率如何？"

Alan："几乎每周都有发生，预计有 40% 的订单都会遇到这个问题。"

通过对话，我们发现如果这个问题不解决，就会造成严重后果。

另外，在判断这个问题是否重要时，不仅要站在本部门及本人角度看问题，还要看其他利益相关方，比如还有哪些人或部门，乃至组织整体和这个问题有关系？具体会受到什么影响？影响的程度又是如何呢？

针对上面"生产部如何满足销售部订单履约要求"的问题，还可以继续追问。

我："如果这个问题不解决，市场客户会受到什么影响？"

Alan："会导致客户不满，造成客户流失。"

我："这个问题还会影响到哪些部门？"

质量部负责人："在不规范的流程下，生产部加班加点也完不成订单，临时交货的产品就容易产生质量问题，就会增加质量部的工作量。"

企业计划协调部负责人这时候也按捺不住郁闷的心情，表示："各部门协作效率非常低，我们需要长期协调多个部门解决这个问题。"

此处我们需要注意一点，判断"为什么这个问题如此重要"需要从正反两方面来进行提问，我们不仅要问如果不解决会产生什么后果？还要问如果解决，对谁有好处？有哪些好处？有多大好处？以及为什么会产生这样的好处？

问题是否重要，值得解决，除了分辨其为 A 类问题还是 B 类问题，还可以通过了解问题解决后的预期收益有哪些，是否有助于实现企业的战略目标来判断。

例如，企业的战略目标是提升用户忠诚度，鼓励用户重复购买，从而提升今年的业绩。而你解决的问题是，通过网络广告提升品牌知名度，从而获得潜在用户提升业绩。如此一来，即使问题得到了完美解决，预期收益和企业战略目标也不匹配，此时就需要重新思考自己的问题。因为在企业内，公司层面的战略目标，永远高于个人或部门的目标。

本章小结

在讨论问题的解决方案前，要先明确"为什么这个问题如此重要"，从而判断此问题是否值得立即解决。

一个问题的重要程度可以从问题的具体影响、影响程度、发生频率三个维度来判断，通过这三个维度你能够衡量需解决的问题是属于 A 类问题还是 B 类问题。

在判断是否为 A 类问题时，不仅要站在个人角度，还需要站在其他利益相关方角度来审视该问题。

判断问题是否值得解决也可以通过进一步提问确认，如果问题得以解决，带来的预期收益有哪些？是否有助于实现企业的战略目标？

通过以上层层追问，你就能判断此问题是否需要立即解决。

本章思考

　　请你尝试组织团队伙伴举行会议，整理出各自面临的问题，在提出解决方案前，用本章的有效提问来区分哪些才是 A 类问题，需立即商议，而哪些是 B 类问题，可以先不用解决。

第13章

多使用开放式问题

提问是使你的大脑实现程序化的最强有力的手段之一，因为提问具有强制思考的力量。

——莫勒　心理学家

我去企业做高管研讨会时，经常鼓励他们互相提问，但未经过训练的高管比较容易问出以下类型的问题：

- "你有没有考虑过更换产品？"
- "你是不是打算增加人员？"
- "你目前需不需要融资？"

    …………

此类问题的答案，往往只有"是"和"不是"，并不能引发被提问者新的思考，也不能帮助提问者得到更多的信息。所以，这样的提问根本无法推动问题的深入探讨。

作为教练，一般我都会提醒提问者："你需要把你的问题从封闭式提问，转向开放式的提问。"

开放式提问和封闭式提问

开放式提问一般是请对方说想法、提建议等，目的是展开话题。

通常可以运用"什么""为什么""你怎样""你谈谈""哪些"等关键词来提问。

比如在开会时，有效的开放式提问可以是：

- 你可以谈谈最近业务遇到的难题吗？

- 你为什么觉得这是个难题呢？

- 你过去采取过什么行动去解决这个难题吗？效果怎么样？

- 你觉得具体是什么原因造成了这个难题呢？

- 你觉得怎样做才可以克服目前的困难？

  …………

开放式提问有助于会议的高效和持续对话。这些提问往往针对的是比较大的话题，回答者听了后需要先思考，然后再解释说明。回答是没有固定答案的，回答者可以自由发挥。

而封闭式提问是非此即彼的提问，这种提问是在让回答者做选择题，会关闭对话，没办法引起思维的碰撞。

封闭式问题通常是那些"是不是""有没有""会不会""要不要""对不对"之类的有明确答案的问题。提问者的问题往往带有预设性，回答者也不需要过多思考。

所以，我们要多问开放式问题，可以让你获得比较具体的解释。

例如，可以问："你可以分享下，为什么客户对新产品接受度一般呢？"这时对方可能就会和你分享他对新产品的具体看法。如果你用封闭式提问："客户是不是对新产品接受度一般？"无论对方给出的答案是是还是否，对话都比较难自动持续。

此外，开放式提问还能帮助你和对方更好地联结，构建良好的人际关系。

开放式提问往往更加温暖人心，能使对方在分享的过程中慢慢打开自己，进而受到启发并最终自己找到答案，使整个交流更有意义。

例如，可以问："你希望今天与会的哪些人为你提供哪些帮助呢？"或者"为什么你会觉得这个方法有效呢，可以具体分享一下吗？"

更为重要的是，开放式提问能激发灵感，摆脱思维束缚，带来创新。

开放式提问尤其适合创新决策类主题的会议，因为这种方式可以鼓励各种答案，从而碰撞出不同的观点。

迪士尼创始人华特·迪士尼通过开放式提问："如果把电影和游乐场结合起来，会发生什么呢？"创建了一个优秀的品牌。

现实中通过开放式提问，激发创新的案例也比比皆是。

很多年前，某次我参加一个外资药企的高管研讨会，大家就新产品推广一筹莫展，苦恼不已时，我鼓励大家就产品推广的时间、地点、方式等提出各种开放式问题，其中就有人提问："超市可以卖什么？"

答案从最开始的日常用品如食品、饮料，很快开始扩展到各种车票、门票，以及日常服务如上门清洁，甚至有人提出沙发等大件物品、动物……

最后几乎法律允许的范围内的任何物品都可以在超市售卖。我曾组织一些互联网企业学员去日本东京的7-11参访，那里不仅有售卖迪士尼门票的自助机，甚至可以在线预定各种超市放不下的沙发等家具用品。

大家打开思维后，我接着追问："如果不考虑广告限制的话，我们可以怎样用创新思维去推广新产品呢？"

大家这时的想法就更大胆了，如：

- 可以做个现有用户社群，让老用户去传播、影响新用户。
- 虽然不可以直接做产品广告，但可以传播这类疾病应该怎么治疗的科普性教育文章，从而间接提升品牌影响力。

…………

会议上如何运用开放式问题

教练行业大咖玛丽莲·阿特金森曾谈过一个方法，为了让开放式提问更加开放，可以用 1～5 分来衡量问题的开放程度，1 分为最低，5 分为最高[○]。

下面我们来一步步从低分到高分，举例分享如何让开放式提问更加开放（见图 13-1）。

○ 阿特金森，切尔斯.被赋能的高效对话：教练对话流程实操 [M].杨兰，译.北京：华夏出版社，2019.

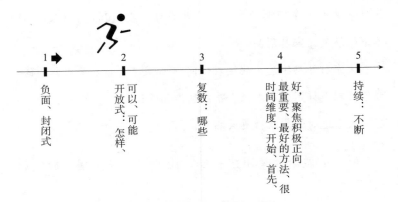

图13-1　我们如何问出更开放的问题

1分，负面、封闭式

很多人遇到挫折的时候，往往容易具有负面思维，与人沟通时，也倾向于采用负面的封闭式沟通。

例如，一个年轻人多次拜访一个客户，屡屡遭拒。会议上，他愁眉苦脸。此时负面的提问可能是："为什么你没有能力解决这个问题？"封闭式的提问可能是："你到底能不能成功签单？"

2分，开放式：怎样、可以、可能

你可以使用"怎样""可以""可能"等把封闭式提问转向开放式提问。

例如，你可以问这个年轻人："你觉得如何做才能顺利和客户签约？"这样就可以帮助年轻人看到更多可能性。

3分，复数：哪些

尝试用复数提问，可以用"哪些"来加强开放性。例如，可以问："有哪些方法可以帮助你最终和客户签约呢？"

4分，时间维度：开始、首先、最重要、最好的方法、很好，聚焦积极正向

聚焦于一个积极正向的话题做深入交流，此时，我们需要进行更有力的提问，可以用"最重要""最好的方法""很好"此类具有最大价值化的词汇来聚焦提问，从众多可能性中做出最优的选择。

例如，可以问："能让你和客户签约的方法中，哪一种方法最好呢？"

4分的提问还包括：用时间维度来启动第一步行动。

可以加上时间维度词，如"开始"或"首先"。开始做某事，就是最具开放性的时间点，这时的提问就可以是："哪一种方法可以更快地让你开始和客户签单呢？"

5分，持续：用"持续、不断"等动词来引发对方系统的思考，促进其不断成长

例如，可以问："哪一种方法能更好地让你不断/持续和客户签约？"这个提问会很大程度地激发对方对自己做事方

式的思考，或许他意识到要考虑培养新的能力了，也可能激发他的雄心，突破局限，期望从一个销售员变成销售经理去管理一个团队。

小贴士：

　　虽然开放式提问有很多好处，但并非所有会议场景都适合用开放式提问，某些场合更适合用封闭式提问。

　　（1）封闭式提问可以在明确问题时使用，用来澄清事实，获取重点，缩小讨论范围。

　　例如，以上案例中，会议上，你可以这样问那个年轻人："你和客户已经谈过了三次，他还没有意向要签约，对吗？"

　　（2）封闭式提问也可以帮助你让对方给出你期待的答案，或者是你要确认的一个结果。

　　例如你对下属说："你明天下午可以给我们一个如何和客户签约的方案报告吗？"

　　再假设生活中，太太看重一件很漂亮但价格略高的衣服，她就可以用封闭式提问问我："这件衣服虽然有点贵，但看起来很漂亮，对吗？"此时，作为提

问者她往往能够得到她想要的回答。如果她用开放式
提问问我："你对这件衣服怎么看？"那我就会劝她
别买了。

本章小结

开放式和封闭式提问的区别。开放式提问一般请对方谈
想法、提建议等，目的是展开话题；封闭式提问是非此即彼
的提问，这种提问会导致对话进行不下去。

多运用开放式提问的三个原因分别是：能让你获得比较
具体的解释；更好地和对方产生联结，构建良好的人际关
系；激发灵感、带来创新。

在会议中运用开放式提问的方法。

用1～5分衡量提问的开放程度，从低到高，依次为：

1分，负面或封闭式的提问。

2分，把封闭式提问转向开放式提问。

3分，尝试用复数提问。

4分，聚焦于一个积极正向的话题做深入交流，用时间
维度来启动第一步行动。

5分，用"持续、不断"等动词来引发对方系统的思考，
并推进对方成长。

本章思考

如果你工作很忙，总觉得时间不够用，身心疲惫，负面的提问是"为什么我没有时间呢？"请你用本章的内容把这个负面提问转为正面的开放式提问，并按步骤使开放式提问更开放。

第14章

5WHY追问问题源头

读书好问，一问不得，不妨再问。

——郑板桥

本章介绍在会议决策中如何运用更为简单的根因确认方法：5WHY（5个为什么）追问法。

"5WHY"最早起源于丰田汽车的前身丰田纺织，最初在品质管理与生产管理中都起到了很大的作用，被日本很多公司广泛采用。如今，此方法已经被普遍运用到工作和生活的各种场景中了。

某次，丰田生产方式的创始人大野耐一发现生产线上的机器总是停转，修过多次仍不见好转。于是，大野耐一与工人进行了以下对话。

大野耐一的第一问是："为什么机器停了呢？"

工人："因为超过了负荷，保险丝就断了。"

第二问："为什么会超负荷呢？"

工人："因为轴承的润滑不够。"

第三问："为什么润滑不够？"

工人："因为润滑泵吸不上油来。"

第四问："为什么吸不上油来？"

工人："因为油泵轴磨损、松动了。"

大野耐一最后问了第五个为什么："为什么磨损了呢？"

工人："因为没有安装过滤器，混进了铁屑等杂质。"

经过连续五次问"为什么"，大野耐一找到问题的真正原因，其解决办法也自然浮现，即在油泵轴上安装过滤器。

如果大野耐一没有这种追根究底的精神来发掘问题，那么工人们只会换根保险丝草草了事，真正的问题始终得不到解决。

5WHY 追问法

"5WHY"实际上就是我们常说的"打破砂锅问到底"，常被用来识别和说明因果关系链。通过对问题连问 5 个为什么，不断提问前一个问题发生的原因，直到对方回答"没有好的理由"或一个新的故障模式被发现时才停止发问，从而找到问题的根源（见图14-1）。

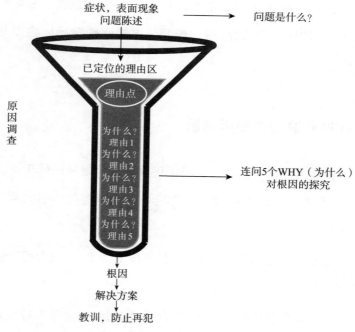

图14-1　原因调查

5WHY的使用目的是找到问题根因，而非表面症状。"5WHY"并非去责怪对方，或者围绕表面症状解决问题，而是促使你找到根因，这要比马上着手去解决问题更有可能预防问题的再次发生，从而彻底解决问题。

如果没有连问"5WHY"，我们就容易混淆症状和问题，找不到引起问题的根源，从而无法提出真正的解决方案。不仅如此，我们还很可能将本来用于解决真正问题的资源，错误地投入一个表面症状的解决中，导致资源浪费。最可怕的是，如果你找不到问题的根源，这类问题日后还会反复发生。

5WHY 追问法使用场景

实际上，在发现问题、故障排除，尤其是解决简单问题时，"5WHY"非常有效，因为它可以快速地将你引向问题的根源。

例如"员工的 PPT 报告中有不少错别字"，这个问题的产生往往只有一个根本原因。

但如果你面临的问题比较复杂，例如部门业绩不好，其涉及的原因可能就是多样的，可能是目标太高不现实、人员能力不足、绩效激励不给力、竞争环境恶化、用户需求改变，等等，此时就需要使用一些其他的根因分析方法。

"5WHY"工具因其使用简单，我们可以将其与其他根因分析法很好地结合起来，灵活使用。

如何应用 5WHY 追问法

此处延用本书第 7 章中老郭的案例，我们使用"5WHY"追问法来对案例中老郭遇到的问题进行根因分析。

第一步：问题陈述

可以让团队成员在白纸上写一个简短清晰的问题陈述，即将其遇到的问题用简洁的陈述语句写出来。例如，某位店长小朱的问题陈述为："今年我们门店的业绩，相比去年出现了明显下滑。"

第二步：问第一个"为什么"

如"为什么今年你的店铺业绩会出现下滑呢？"

"为什么"听起来很简单，但是想要回答它，被提问者就需要思考并提供有事实根据的答案，这个答案必须是对过去实际发生的事情的描述，不能是对可能发生事情的猜测。

小朱："主要是店铺客人多的时候，由于店员都很忙，就无法认真接待每位客户。"

第三步：追问4个"为什么"

第二个"为什么"："为什么店员忙得无法认真接待每个

客人？"

小朱："因为现在店铺人员不足，人少，活多。"

第三个"为什么"："为什么现在服务人员不足呢？"

小朱："因为有老员工离职，而且总部规定目前店铺不能增加新人。"

第四个"为什么"："为什么老员工会离职呢？"

小朱："因为工作时间比去年长，他们经常加班加点，而且店铺今年几乎没有组织过培训，店员们觉得又累，又学不到新东西，看不到成长的希望。"

第五个"为什么"："为什么工作时间比去年延长，他们要加班加点呢？"或者你问："为什么门店今年没有组织培训呢？"

小朱思考后说："因为一个重量级竞争对手今年在我们门店附近开店，并且比我们晚关门 2 小时。某次某位领导到我们这里检查工作，他表示希望我们也能延长工作时间。另外，今年没有培训的原因，是我忙于抓业绩，没有时间给员工培训。"

经过以上提问，你认为小朱应该怎么办？至少他应该及时给予团队成员培训。另外，他也应该考虑到延长工作时间带来的副作用是什么。

第四步：知道何时可以结束追问

当你在追问为什么的时候，出现的某个答案明显已经可以成为解决第一步陈述的问题的关键原因时，就可以选择结束追问。你可能发现，有时不一定非要问"5 个为什么"，你可能问完 3 个就得到了启发。

例如，某次企业线下培训，某位高管抱怨说，工作会议效率比较低，需要开很长时间。我就用"5WHY"追问法对其进行了提问。

第一问："为什么会议时间会很长？"

"因为会议没有规定要开多久。"

第二问："为什么没有规定开会时间呢？"

"因为过去开会的时候，没有制定开会规则。"

第三问："为什么没有开会规则呢？"

"因为大家都忽视了开会规则对提升会议效率的重要性。"

显然，3 个为什么就已经让我们找到问题的解决方案了，即以后开会前先对会议规则达成共识，包括会议时间、会议议程、是否有主持人提醒时间、会议要不要决策、是领导一个人发言传达信息还是需要集思广益讨论、会议最后是否要确认后续行动计划等。

当然，某些时候，或许你要问更多为什么才能获得新启发。

第五步：聚焦根因，提出对策

当连续问了多个"为什么"后，仍然未出现第四步陈述的明显的关键原因，但继续追问也无法产生更多有用的回答时，你就需要停止问"为什么"，改为分析之前众多的答案，确定至少一个可能的根因，然后开始制定相应的对策，防止问题再次发生。

例如，刚才小朱店铺的案例，工作时间长只是个表面症状，不是真正的问题，真正的问题是员工在巨大业绩的压力下，身心疲惫，且没有得到及时的培训等支持。

本章小结

"5WHY"追问法，简单、强大，可用于快速剖析问题的外部症状，揭示出其根本原因。从一个问题开始，不断追问对方问题发生的原因，直到找到问题发生的根本原因，彻底解决问题，防止表面问题再次出现，也防止资源的浪费。

清楚何时可以结束追问，不一定非是"5个"为什么，有时可以是3个，也可能不止5个。

遇事多追问几个"为什么"，你才能提出更有效的对策。

本章思考

问题陈述：某人在路上摔倒，称自己急着上班。

追问：为什么急着上班呢？

答：工作繁忙。

追问：为什么工作繁忙？

答：最近订单太多。

思考：订单太多是摔倒的根因吗？如果不是，"5WHY"追问法的提问哪里出了问题？

第15章

问题爆炸法，催生高效会议

好问的人，只做了五分钟的愚人；耻于发问的人，终身为愚人。

——佚 名

在研讨会议中，如果参会者每个人轮流提问，你觉得 30 分钟内，每人能提出多少问题呢？通常情况下，提问者思考至少 20 秒，表达至少 20 秒，被提问者回答 20 秒。能在 1 分钟时间内完成 1 次提问和回答，已经算效率很高的了，也就是每分钟只能提出 1 个问题。

但如果使用问题爆炸法，每分钟，平均每个人能提出 3.3 个问题。也就是说，30 分钟内就能提出至少 100 个问题！

案例

　　某次我带私董会成员去会员老姜的企业开研讨会。老姜的企业目前的现状是：某些地区经理的能力一般，导致当地业绩比较差，严重拖了企业的后腿。老姜当时最大的困惑是：怎样提升这些业绩差的地区经理的能力？

问题爆炸提问法

　　问题爆炸提问法是由麻省理工学院领导力中心（MIT Leadership Center）执行主任哈尔·格雷格森提出的，要求在一定时间限制内，参会者围绕某个困惑只提问题，问题提得越多越好，被提问者仔细聆听所有问题，不马上给出答复，目的就是在最短时间内提出最多问题。

如何在会议中使用问题爆炸法

　　在会议中使用问题爆炸法，主要分为以下四个步骤。

第一步：确定背景，选择一个你十分困惑的难题

　　所选的难题一定要是那种让人夜不能寐，或者想起来就心跳加速，感觉苦恼，希望大家能为你指点迷津的难题。

需要注意的是，参与问题爆炸法的人员，最好是来自企业内的不同部门，可以站在不同的立场和角度来看待同一个问题，甚至可以邀请行业外的人员参与提问，他们不会受到行业固有思维的束缚，可以帮助你重新审视问题。

第二步：开始爆炸性地提问

爆炸性提问要求在最短时间里提出最多的问题，这对提问者来说很有挑战性。老姜的案例中，当时参与者共 14 人，要求提问简洁，不能出现重复或类似的问题，在 3 分钟内，平均每个人在会议上提出了 7 个问题。

以下是当时现场能引发思考的部分提问。

市场类的提问：

- 业绩差的地区市场竞争情况怎么样？
- 业绩差的地区，你觉得市场和客户人群发生了哪些变化？

客户体验类提问：

- 当地团队对客户的具体需求了解多少？
- 业绩好坏是否只是指任务指标是否达成，客户最关注的是什么？

目标设置类提问：

- 目前对地区的目标设置除了收入，还有其他哪些方面？

- 这些目标设置全面、系统吗？你怎么看目标的合理性程度？

团队搭建类提问：

- 经理级别以下，有哪些关键岗位是比较影响业绩的？

- 都说业绩是经理的责任，那其他团队成员，该承担什么责任呢？

角色职责类提问：

- 总部相关管理人员和当地团队职责界定清晰吗？

- 他们之间彼此协作和依赖程度如何？

培训和发展类提问：

- 在企业高潜人才梯队建设这件事情上，用 1 ～ 5 分评估，5 分为最高，你们目前是几分？

- 对当地整个团队，有没有做过人才盘点？效果如何？

绩效评估类提问：

- 当地的绩效评估体系是怎样的？谁来评定经理是否合格呢？

- 总部对业绩差的经理多久做一次绩效评估？沟通频率怎么样？

管理模式类提问：

- 地区有考虑过和当地其他竞争对手公司并购吗？

- 现在总部对当地的管理模式还能如何改进？具体是哪些部

门制约了当地业绩的提升呢？

为什么我们能在有限的时间内问出如此多问题？分享给你两个关键因素。

第一，提问者不解释提问的理由，而且提出的问题要惊人，即使引起争议也无妨。

这样做的目的在于鼓励提问者充分提问，而取消提问质量的限制，提问者就不用过多计较提问的质量。

不用考虑是提封闭式问题，还是开放式问题，也不必考虑提问是否合适，是否听起来太出格，重要的是能迅速地提出问题，这恰恰也是检验每个人提问能力的最好时候。

以下是老姜案例现场一些有挑战性、能促进对方深思，甚至"直击灵魂深处"的提问。

- 业绩增长和经理能力有非常大的联系吗？
- 这些经理不行，你本人需要承担什么责任呢？
- 是否考虑过请当地的核心客户做业绩提升顾问？
- 地区经理不行，直接提拔这些经理的下属当经理会怎么样？
- 为什么是你解决，而不是资深的人力专员去解决这个问题呢？
- 如果让业绩好的地区经理和业绩差的地区经理交换下，

会怎么样？

- 如何通过加强总部体系化建设，降低对地区经理的能力要求，进而提升当地业绩？

第二，提问过程中，被提问者先不作答。

这种方式对被提问者是一个考验，因为一般人听到问题，往往会急于表达看法，尤其是被问到一些挑战性的问题时，被提问者可能会感受到被误解，甚至难堪，但问题爆炸法要求其不能立马作答。

因为开会的目的是要集思广益，自己能立即想到的答案，一般都是无法解决问题的。更多地专注聆听，其实就是在拓展新的思路。

第三步：重新界定问题，发现自己的盲区

在这个环节，老姜根据现场记录，回顾整个过程中的所有提问，其中一些提问可能会给他带来新的洞察，让其有可能从中发现自己的盲区，从而为其核心问题找到新的解决思路。

接着，老姜可以选择 3 个自己感兴趣、和自己过去的思考方式截然不同，甚至听起来有些不舒服的提问来进行澄清和回答。

澄清就是需要请教问题的提问者，这个提问具体是指什

么，让提问者提供更多相关的说明和信息。

当时，老姜重点选择了以下 3 个提问。

- 如何通过加强总部体系化建设，降低对地区经理的能力要求，进而提升当地业绩？
- 现在总部对当地的管理模式，有哪些地方值得改进？具体是哪些部门制约了当地业绩的提升？
- 是否考虑过请当地的核心客户做业绩提升顾问？

这里要特别提醒你注意的是，老姜为什么会选择这 3 个问题？为什么它们重要呢？

可以联系第 14 章，通过连续追问"5WHY"，帮助你从深层次找到选择这 3 个问题的真正原因，思考它们和核心问题的关系，重新界定问题背后的本质问题。

第四步：围绕新界定的问题，参会者分享和建议，当事人采取行动

老姜最初的困惑是，怎样提升某些业绩差的地区经理的能力？经过以上三步后，老姜开始认识到最初的困惑并非核心的本质问题，本质问题是：如何通过加强总部体系化建设，降低对地区经理的能力要求，进而提升当地业绩？

一旦老姜重新界定了问题，与会的提问者可以就新问题

依次给出相关的分享和建议。

为了确保对给出的建议做好后续跟进，必须制订未来短期内的行动方案。

可以问：在接下来的 2 个月内，你会采取什么实际行动有针对性地解决本质问题呢？

总之，不要考虑怎么做更简单、更舒服，要带着创新的视角，关注"要做的事"和"解决问题的必要条件"。

最终，老姜的案例中，会议前 30 分钟，问了 100 个问题。接着，老姜选择了其中 7 个问题进行了 15 分钟的答复。根据老姜的答复，与会者又利用 15 分钟帮助其重新界定困惑问题背后的问题。最后，大家对新界定的问题给出了解决建议，老姜也围绕这些建议制订了下一步的行动计划。整个会议全程非常高效，受到与会者的一致认可，老姜甚至称其为公司历次会议中效率最高的一次。

本章小结

问题爆炸法，即在一定时间限制内，与会者围绕企业或个人的某个困惑，提出大量问题，被提问者先不作答，仔细聆听所有问题，鼓励提问者在最短的时间内提出最多问题。

实施问题爆炸法的四个步骤为：

第一步，确定背景，选择一个你十分困惑的难题。

第二步，开始爆炸性地提问。

第三步，重新界定问题，发现自己的盲区。

第四步，围绕新界定的问题，参会者分享和建议，当事人采取行动。

在进行爆炸性提问的时候，需注意两点：

第一，提问者不解释提问的理由，而且提出的问题要惊人，即使引起争议也无妨。

第二，提问过程中，被提问者先不作答。

本章思考

如果你是企业的老板或管理人员，会如何通过在会议中实施问题爆炸法，鼓励所有与会者积极提问？

你应该扮演怎样的角色，体现什么样的领导力，或表现出什么样的行为，才能激发现场的提问热情？

04

提问打破创新困局

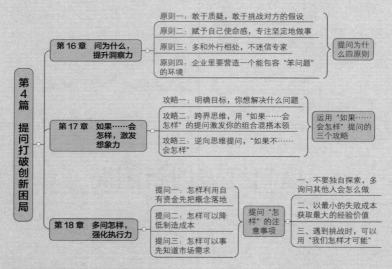

第4篇 提问打破创新困局

第16章 问为什么，提升洞察力
- 原则一：敢于质疑，敢于挑战对方的假设
- 原则二：赋予自己使命感，专注坚定地做事
- 原则三：多和外行相处，不迷信专家
- 原则四：企业里要营造一个能包容"笨问题"的环境

提问为什么四原则

第17章 如果……会怎样，激发想象力
- 攻略一：明确目标，你想解决什么问题
- 攻略二：跨界思维，用"如果……会怎样"的提问激发你的组合混搭本领
- 攻略三：逆向思维提问，"如果不……会怎样"

运用"如果……会怎样"提问的三个攻略

第18章 多问怎样，强化执行力
- 提问一：怎样利用自有资金先把概念落地
- 提问二：怎样可以降低制造成本
- 提问三：怎样可以事先知道市场需求

提问"怎样"的注意事项
- 一、不要独自探索，多询问其他人会怎么做
- 二、以最小的失败成本获取最大的经验价值
- 三、遇到挑战时，可以用"我们怎样才可能"

制图｜醒梦

提问可以激发创新，好的提问可以改变组织，甚至改变世界。以某种意义上来说，那些具备创新精神的领导者之所以获得成功，并非因为他们能够回答问题，而是因为他们营造了一种提问的文化氛围。这种氛围能够激发人们进行战略思考，极大程度地促进产品、服务和运营等方面的创新和突破。

　　什么是激发创新的好提问呢？本篇向你介绍 3 个常见的创新提问，它们是：Why（为什么）、What if（如果……会怎样）以及 How（怎样），分别对应创新的 3 个重要能力：洞察力、想象力与执行力。

　　用苹果手机举例，3 个提问分别是：

　　为什么手机只能打电话？

　　如果能够把手机、音乐播放器、阅读器结合起来会怎样？

　　怎样才能设计和生产出这样的手机？

　　乔布斯通过这 3 个提问，激发了创新思维，最终创造了一个优秀的品牌。

　　本篇将介绍如何通过问"为什么""如果……会怎样"，以及"怎样"，激发产品服务创新，从源头避开同质化的产品竞争。

第16章

问为什么，提升洞察力

解决一个问题也许仅是一个数学或实验上的技能而已，而给出新的提问、新的可能性，从新的角度去看问题，都需要有创造性的想象力，而且标志着科学的真正进步。

——爱因斯坦

团队创新破局第一问："为什么"

你可以通过多问为什么，带着好奇心去提升洞察力，挑战现状，打破常规。我们许多人在小时侯都看过《十万个为什么》，但现在你还会像小时候那样经常问"为什么"吗？

你可能还会问问题，但不一定会经常问"为什么"了。

你害怕别人觉得你无知，所以学会了不懂装懂；你太相信专家，认为他们是最懂的人，听从他们建议照着做就没问题；在公司里，觉得最好按照既有规定或领导的指示做，少问"为什么"，否则容易被认为是在挑战权威。

慢慢地，我们越来越少问"为什么"。但是如果能像小时候一样怀着强烈的好奇心，敢于问为什么，又会有什么不一样呢？

三个充气垫成就了估值百亿美元的爱彼迎。

爱彼迎（Airbnb）[⊖]的创始人切斯基创业时，只是一个毫无商业背景，甚至连房租都付不起的毛头小子。

2007 年秋天，住在旧金山的切斯基和杰比亚为即将到来的房屋租金问题一筹莫展。当时，他们手头只剩下 1000 美元，而租的房子需要 1200 美元。用什么支付租金呢？他们突发奇想"为什么不能让别人在我们家睡觉呢？"这样就可以收取费用，解决租金难题。

这是他们提出的第一个"为什么"。

于是两人决定让游客住到自己家里。他们在客厅放了三张

⊖　Airbnb 是 AirBed and Breakfast（Air-b-n-b）的缩写，中文名：爱彼迎。爱彼迎是一家联系旅游人士和家有空房出租的房主的服务型网站，它可以为用户提供多样的住宿信息。

空气床垫，然后将床位租出去，并向租客提供房内的无线网、书桌、早餐等服务，每晚收取80美元。结果一周内接待了3个住客，顺利解决了租金危机。

两个年轻人从这里看到了商机，于是，2008年8月，他们成立了爱彼迎公司。

慢慢地，他们意识到，人们来住宿不仅想要一个床垫和早餐，更想要宽敞、舒适的房子。于是他们问了自己第二个"为什么"："为什么不提供一个房间，而不只是提供充气床垫呢？"

于是，2009年3月，爱彼迎将租赁业务从原先的空气床垫扩大到了整间房。一年内爱彼迎就实现了800%的增长。接下来，公司获得了第一轮风险投资。

既然有人投资，说明这个模式有其独特的商业价值，第三个"为什么"随之而来："为什么不能商业化？如果在美国的主要城市复制这种模式，会怎样？"

于是他们走出旧金山，成功地把业务拓展到美国其他城市。很自然，他们接着问了第四个"为什么"："为什么把业务限制在美国？为什么不向全球拓展？"

在投资人的帮助以及创始人的不懈努力下，不到两年时间，爱彼迎的业务扩展到了100多个国家，订单超过100万份。

2011年5月，爱彼迎成功完成B轮融资。公司整体估值超10亿美元，进入了飞速发展阶段。

一个有好奇心的人永远不会停止问"为什么"。爱彼迎迎来了第五个更大胆的"为什么"："为什么人们要拥有东西的所有权而不是使用权？"

这个"为什么"催生了分享经济的想法，他们考虑拓展更多产品的分享业务。

2015 年，爱彼迎估值达到 200 亿美元，切斯基在"福布斯全球最富有的 40 岁以下的企业家"榜单中，排名第八。

当初一个简单的为什么，一步步引导切斯基创立了爱彼迎，获得了成功。

提出有价值"为什么"的四个原则

你是不是特别想拥有像切斯基一样追问"为什么"的能力呢？那如何可以提出有价值的"为什么"呢？

原则一：敢于质疑，敢于挑战对方的假设

创新，就必须要打破常规。质疑，不是找碴，不是有意和对方过不去，这是创新最重要的批判性思维。换个角度看，质疑，其实就是一种"打破砂锅问到底"的创新精神。很多人的观点其实只是他们个人的假设，并不一定是事实，所以你可以通过追问"为什么"去验证假设是否合理。

科学的进步、产品的创新始于质疑，而循规蹈矩终究会使人沦为平庸之辈。

伽利略质疑亚里士多德关于两个重量不同的球，重的球先落地的假设，用实验推翻了亚里士多德的假设，这一理论变革在物理学的发展史上，更是具有划时代的重要意义。

乔布斯挑战了当时手机只能通话的假设，到了2021年，苹果荣登世界500强排行榜榜首。

切斯基质疑了旅行住宿只能选酒店的假设，2019年爱彼迎荣登胡润全球独角兽榜第6名。

所以，要敢于质疑，敢于挑战对方的假设，勇于提出"为什么"。

原则二：赋予自己使命感，专注坚定地做事

多问自己为什么，可以赋予自己使命感，让我们更专注地坚定前行。

脸书（Facebook）创始人马克·扎克伯格2015年受邀做客清华大学经济管理学院，其间他用中文分享了Facebook的创建史。Facebook创立时，他还是个大学生，当时的他并不清楚怎么做，激励他的是为什么要做。当初他并非要创立一个公司，而是要解决一个非常重要的问题，那就是把人们联结在一起，这就是使命感。

好的创业项目，其实从开始时就注定了。扎克伯格认为，创业应始于解决问题的需要。创业本身是件非常难的事情，而真正让你能够坚持下去的是相信你在做的事情，并且知道你在做的事情是在创造价值。

所以，如果一个创业者能说清楚为什么要创业，初心是什么，思考维度的出发点是发现了一个行业中的大部分用户存在的痛点，而这个痛点，对手并没有很好地解决，那一定会是一个好的创业项目。因为创业者有很好的使命感，能驱动他不断地前进。

事实上，Facebook 创立时，当时的大公司，例如微软或谷歌，它们有几千名工程师和上亿的用户，有开发与 Facebook 功能相似的产品更好的资源和能力，但是它们为什么没有做呢？区别就在于在把人们联结在一起的使命感方面，Facebook 更加坚定专一。

原则三：多和外行相处，不迷信专家

外行和专家相比，具有空杯心态，不会带有成见，所以外行天生不会拘泥于行业的条条框框。在面对复杂问题时，往往更能抓住其本质，从其他行业的角度提供新的视野。所以私董会对小组成员的要求之一是，大家必须来自不同的行业，这样可以从不同的视角和维度研讨同一个问题，激发更多的创新。

原则四：企业里要营造一个能包容"笨问题"的环境

俗话说，不耻下问。很多人不问为什么，不是不想问，而是出于恐惧，担心别人会觉得自己无知。恐惧是好奇心的杀手，坦诚自己的无知，是进行探索和创新的前提。

因此，在企业里营造一种可以让人提出"愚蠢"问题的安全氛围至关重要，这种氛围还能促进团队成员之间信任感的提升。

例如，世界上最知名的创意设计公司 IDEO[⊖] 的文化中有一条：每个人都把自己当作白痴。此处白痴并非一个贬义词，相反它是一个褒义词。鼓励提问，本质上就是允许大家发现彼此的盲区，一些看起来天真的提问，往往能激发有价值的洞察，而这些洞察可能会带来突破性的创意和差异化的产品。

本章小结

创新从问"为什么"开始。伟大的品牌都是来源于创新，

⊖　IDEO 成立于 1991 年，是全球顶尖的设计咨询公司，以产品发展及创新见长，从只有 20 名设计师的小公司做起，一路成长为拥有 300 多名员工的超人气企业。

问"为什么"就是在不断激发你的创新洞察力。

那如何可以更好地问"为什么"呢？我分享了四个原则。

原则一：敢于质疑，敢于挑战对方的假设。

原则二：赋予自己使命感，专注坚定地做事。

原则三：多和外行相处，不迷信专家。

原则四：企业里要营造一个能包容"笨问题"的环境。

本章思考

关于"为什么"的提问，用于思考概念层的问题，考虑的出发点是整体的、抽象的，是目的性的。"为什么"的提问往往比"是否""怎么做"更有力，更能激发深度思考，而且更能唤起创造性思维。但现实工作中，为什么更多管理者遇到问题，首先考虑的不是"为什么"，而是"怎么做"呢？

第17章

如果……会怎样，激发想象力

创新的本质是我们在现有理念之外构建出新的理念。

——戴维·穆雷《如何打造你的爆款创意》

团队创新破局第二问：如果……会怎样？

想法多、联想能力丰富的人，往往都具有"发散性思维"。所谓发散性思维，即大脑在思考时呈现的一种扩散状态的思维模式。

简言之，我们在思考问题时，思维比较活跃，可以从多个维度解读问题。生活中常见的一题多解、一物多用等，其核心即发散性思维。思维发散是创造性思维最主要的特点，也是激发想象力的关键环节。

我们的大脑分为左脑和右脑，左脑是理性思维，倾向于逻辑，而右脑则是感性思维，更倾向于艺术。右脑活跃的人，想象力会比较丰富，更会联想，能把看上去毫不相关的东西联系起来。

因此，想要放飞想象力，就需要激发我们的右脑思维。"如果……会怎样？"的提问，可以催生联系，把各种看上去毫不相关的事物关联起来，活跃思维，激发创新。

案例

2009 年之前，通用电气一直是全球工业巨头，却依然面临着生产力下降、供应链成本上涨、技术革命冲击和金融危机重创等诸多问题，当时的 CEO 杰夫·伊梅尔特（Jeff Immelt）倍感压力。虽然，通用电气壮士断腕，抛弃了臃肿的金融机构通用电气资本（GE Capital）的大部分业务，回归重工业根基，但这还远远不够，工业巨头的定位并不能让通用电气看到未来。

某次伊梅尔特和通用电气的科学家谈论他们生产的新型喷气发动机，这个布满传感器的设备，每一次飞行都会产生一批数据，但是然后呢？有了这些数据可以做些什么？

如果无法做到更多的话，这些数据的未来价值只能止步于机械本身。通用电气将无法发挥出其最大价值。

伊梅尔特苦思冥想，最终通过"如果……会怎样？"的假设性提问找到了解决之道。

"如果通用电气是一家数字型工业企业，会怎样？"

于是伊梅尔特反守为攻，将通用电气重新定位为一个数字化的工业互联网公司，公司用原有的专业知识与大数据相结合，尝试运用数据分析建立"大型物联网"（internet of really big things），成就了通用电气的创新转型。

可以说，通用电气的创新破局及成功转型离不开"如果……会怎样"的提问。

运用"如果……会怎样"提问的三个攻略

攻略一：明确目标，你想解决什么问题

解决问题的前提是你要明确目标，即知道你想解决的是什么问题，通过提问去收集相关知识，最终去解答疑问。

伊梅尔特看到了传感器设备产生的数据，考虑到其未来价值可能只能止步于机械本身，无法转化为生产力，于是明确了加强软件能力，将通用电气从工业制造转型为工业互联网的目标。

伊梅尔特坚信，真正的工业互联网给通用电气带来的影响

将超越消费互联网。工业互联网将是一个开放的、全球化的网络，使人、数据和机器三者真正互联。通用电气为此彻底改变了"游戏规则"，为了在内部全面构建数字化DNA，实现真正的数字化转型，重新调整了组织架构，成立了专门的数字化部门，并运用精益创业与敏捷开发的原理，为企业创造数字化的生机文化。

攻略二：跨界思维，用"如果……会怎样"的提问激发你的组合混搭本领

跨界思维即"组合思维"或"跨界混搭"，简单说，就是借用已有的想法，把一些看似无关的事物，如已经存在的各种想法、影响因素和事物进行组合搭配，形成新的事物。

跨界思维最有名的提问，就是乔布斯的提问：如果把手机、音乐播放器、阅读器组合在一起，会发生什么？结果产生了苹果手机。迪士尼创始人华特·迪士尼的经典一问："如果把电影和游乐场结合起来，会发生什么呢？"结果诞生了迪士尼乐园，游乐场开始有了故事，员工变成了演员。

20世纪70年代末，手表比较贵，都是在高档零售店出售，每个人基本只有一块手表，瑞士的制表业陷入了困境。然而，就是一个革命性的创意提问，让整个行业起死回生。斯沃琪手表的创始人海耶克观察到，在服饰行业，一个人可

以有很多服饰配件，于是就问："为什么一个人不能有很多块手表？""如果把手表行业和服饰行业结合起来会怎么样？"提出"第二块手表"的概念。

从此，手表不再只是一件昂贵的奢侈品，还可以用一种新颖、奇妙的方式来表达个性与时尚，海耶克用提问重新定义了手表行业。

于我本人而言，年轻时候在中欧国际工商学院系统学习过 MBA 的商业知识，之后有多年的外资和民营企业经营经验，这些年也学习过引导技术，有不少利用概念思维决策流程帮助企业破解重大工作难题的实践，也学习了教练技术来帮助客户激发领导力潜能，所以最终把商业、决策和教练三个领域融合，把自己定位为"商业决策教练"，这样或许更符合国内市场企业的实际需求。

组合混搭既可以是不同行业的产品混搭，也可以是不同商业模式的混搭。例如，亚马逊和京东的创立就体现了传统零售和互联网的混搭，盒马鲜生混搭了传统零售店和外卖也是跨界思维的体现。

攻略三：逆向思维提问，"如果不……会怎样"

创新，还可以反其道而行之。用"如果不……会怎样"（What if not）提问，也会带来意想不到的惊喜。

例如：Little Miss Matched（搭配小姑娘）[⊖]，将普通的袜子打造成了时尚品，主要向8～12岁的年轻女孩出售袜子。品牌创立之初就做出了颠覆性的假设：如果袜子颜色、设计混搭，不成双出售，会怎样？他们设计了颜色混搭的彩色袜子，结果尽数售出，深受年轻小女孩喜欢。

试想，如果创办一个没有固定校园和线下教授的大学，会怎样呢？

美国的新型大学密涅瓦（Minerva），没有固定的校园，所有课程通过在线形式进行，学生的课堂被安排在全球七个城市，这些城市可能包括旧金山、首尔、柏林、伦敦、台北、海得拉巴、布宜诺斯艾利斯等。

你可能会想如此办学，效果怎么样？会有人去吗？

密涅瓦大学自2013年首次招生至今，已经收到了来自全球100多个国家的6万多份申请，其中不乏很多已经拿到常青藤名校录取通知书的学生。经过严格的筛选，最终密涅瓦只录取了不到1000人，录取率仅为1.6%。

在一成不变且难以改变的传统行业，运用逆向思维，往往更容易找到创新突破口。

⊖ Little Miss Matched 是一家日本品牌，以独特的创意，博得消费者的喜爱。Little Miss Matched 短时间内迅速成长，分店遍布美国各大城市，深受帕丽斯·希尔顿、"小甜甜"布兰妮等诸多美国明星欢迎。

小贴士

当"如果……会怎样？"的提问不能帮你立即找到答案时，不妨暂时先把问题放下，因为焦虑会阻碍创新。你可以做些其他事情转移一下注意力，如晨跑、散步等。有时有意识地专心思考得不到想要的答案，当处于无意识的放松状态时，反而灵感乍现。

当然，平日你也需要广泛阅读，开发多学科的兴趣爱好。此外，如果你阅历丰富，不仅品尝过成功，也感悟过失败，那灵感就会如影随形。

本章小结

"如果……会怎样？"的提问，可以激发你的想象力，把各种看似不相关的事物关联起来，从而活跃思维，激发创新。

运用"如果……会怎样"提问有以下三个攻略。

攻略一：明确目标，你想解决什么问题。

攻略二：跨界思维，用"如果……会怎样"的提问激发你的组合混搭本领。把看似不相干、已经存在的各种想法、影响因素和事物进行组合搭配。

攻略三：逆向思维提问，"如果不……会怎样"。

本章思考

我整理了三个平日我常问线下学员的问题，也请你思考：

（1）假设你是个亲力亲为的领导，你需要外出三个月，三个月内只能通过邮件和同事们沟通，对你的要求是业务保持正常运转，此时，你会如何处理？

（2）企业里，如果不请培训老师，我们该如何有效学习？

（3）如果从来没有经历过失败，你会怎样？

第18章

多问怎样，强化执行力

> 企业家、公司或想创造新事物的人都必须找到持续试验的方式，而不要将大量的资源和时间都投入闭门构思的一个完美想法上。
>
> ——埃里克·莱斯《精益创业：新创企业的成长思维》

激发创新的前两个提问，分别是"为什么"以及"如果……会怎样"，前者挑战现状或假设，激发洞察力；后者激发想象力。

团队创新破局第三问："怎样"

"为什么"和"如果……会怎样"，需要创新力和批判思维；"怎样"需要的则是实干精神，这就需要我们在创新过程中遇到挑战时，退一步思考，吸取教训，及时调整。

撞不倒的电动车 Lit Motors C1[⊖] 的原型开发

如果一辆电动车既有四轮汽车的安全性和稳定性，又有两轮电动车的轻便性，会怎么样呢？

Lit Motors 的创始人兼 CEO 丹尼·金（Danny Kim）通过此提问，推出了应用陀螺稳定系统的两轮电动平衡车，该车型既具备四轮汽车的安全性和稳定性，又保持了两轮电动车的轻便性。产品一经上市惊艳众人。

实际上，这款科技感极强的电动车，最早只是丹尼·金的一个纯手工作品，整个研发过程，从设计到成型，仅仅花费了 75 万美元。

丹尼·金透露，最初他有设计这样一款产品的想法时，就有人表示愿意投资，但当时的估值很低，对方想用 150 万美元，持有较大股份。经过考虑，丹尼·金决定先用自有资金研发，后期再以较高的估价进行融资。

提问一：怎样利用自有资金先把概念落地？

他们决定先制作一个产品原型，让团队明白整车的独特设计理念。

⊖　Lit Motors C1 是美国加利福尼亚州 Lit Motors 公司旗下的一款两轮电动平衡车，是一款介于摩托车和汽车之间的新型交通工具。

提问二：怎样可以降低制造成本？

为节约制造成本，团队选择手动制作金属板材冲压模具。

提问三：怎样可以事先知道市场需求？

有人愿意购买吗？工程师无法回答这个问题。相对来说，产品研发的技术风险容易掌控，市场接受度却很难预测，这也是新产品上市的常见问题。

于是团队集思广益，通过创新破局之问的第二问："如果用最低成本先做个模型车，但用户可以感知到车的实际效果，会怎样？"

基于此问，团队建立了一个简易的手动展厅，做了一个与真车1：1比例的模型车，并制作了模拟真车上路行驶的视频，将其上传到覆盖目标用户的网站上。感兴趣的用户，可以到手动展厅来实地体验。

视频确实吸引了一些客户到展厅来看车，但他们并无购买意向。

创新破局之问的第三问：怎样实现产品迭代，激发需求？

战败分析法

战败分析法，简言之，即询问用户为什么不购买某产品。100个人不购买，通常不会有100个不同的理由，往往

3 个主要理由就会导致 50% 的用户不购买某产品。我们要做的就是找出这排在前面的 3 个让其决定不购买的理由。例如，质量不佳、款式设计不美观、价格高等。然后，聚焦这 3 个理由，着重解决这些问题，进而极大程度地提升购买转化率。

丹尼·金的团队通过调研发现，看了模型车但没有选择预定的客户，未预定原因排名第一的理由竟然是：这个车看起来不太美观。这一理由是他们最初并未预料到的。经了解，车子的一个重要用户是客户的配偶，客户最终是否购买，配偶是否支持非常重要。团队围绕此核心用户痛点，快速改进外观设计，从而有效地降低了批量生产后卖不出去的库存风险。

"怎样"的提问，可以让想法逐渐成形，并最终落实为行动。

如何提问"怎样"

一、不要独自探索，多询问其他人会怎么做

你不能独自战斗，要借助集体的智慧，通过分享和交流找到灵感。每个人都有盲区，所以我们需要通过他人的视角突破各自的盲区，接受或给予他人建议。

可以用"其他人会怎样"这一有力提问。此处的其他人，既可以是企业内部的人员，也可以是客户、同行或跨行业群体。要关注客户怎么看，其他同行过去是如何做的，甚至可以问跨行业的人遇到类似问题时会如何选择。

如 Lit Motors C1 案例中，除了创始人考虑怎么做以外，技术部提出可以先做一个产品原型；生产部提出可以手动制作金属板材冲压模具，从而降低成本；营销部提出可以制作驾驶视频放在网站上测试。

例如，Zappos 曾是全球最大的网上卖鞋企业。创业之初，两位创始人选择先找了个免费的网页把团队选中的鞋子放上去，测试美国哪个城市、哪些用户对哪些鞋子最感兴趣，以了解市场需求。需求明确后，再增加团队成员，并建设自己的独立网站。

不久，为了扩大商品种类，Zappos 开始有了自己的库存。意外的是，库存使得顾客的订单能获得更及时的响应，收到了顾客积极的反馈。这一举措启迪了两位创始人，"顾客在告诉我们应该如何建立业务。"他们同时借鉴了其他的网购公司，甚至是一些用户体验良好的传统企业的方法，不久后，就在本行业率先推出了"免费退换货"的服务，用户数量激增。

Zappos 的创业故事告诉我们：主动询问其他人的做法，借用他人的经验和资源要比自己独自攻克难题明智得多。

二、以最小的失败成本获取最大的经验价值

真正的成功都是从实际失败中感悟而来的。虽说如此，我们也需要考虑失败的成本代价，争取以最小的失败成本获取最大的经验价值。"最小化可行产品"（Minimum Viable Product，MVP），指用最小的力气、最短的开发时间经历一次完整的产品开发循环。初期产品不必追求完美，做到产品可行的最低限度的功能即可。通过可行性试验，带来新的认知后，再重新迭代和完善产品概念，如此一来就可以大幅降低商业风险。

2008 年我刚开始在一号店负责业务时，团队没有互联网经验，当时我们有一个文化叫"**三个失败**"，即**不断失败、最小的失败成本**和**最快失败**。这三个失败实际上就是用 MVP 的方式，让新想法不断落地。我们从不惧怕失败，关键是要以最小的失败成本获取最大的经验价值。

三、遇到挑战时，可以用"我们怎样才可能"

如果你提问时，在"**怎样**"前面加上"**我们**"，后面加上"**可能**"就会更有效果，即"**我们怎样才可能**"（how might we，HMW）。

"**怎样**"的提问是假定了解决方案的存在，而在"**怎样**"后面加上"**可能**"，就意味着你将会有更好的反思，因为你

提出的想法可能行，也可能不行。"我们"就代表着要把"你、我、他"各自的想法变成团队一致的想法，这会让团队更具有凝聚力。

在我们遇到挑战时，这个提问最有效，比如刚才 Lit Motors C1 的案例，"（我们）怎样（才可能）利用自有资金先把概念落地"这个提问，这个概念利用自有资金可能落地，也可能落不了地，这种未知性会让团队选择一个最优的方案。最终他们决定先制作一个产品原型，而不是大批量生产，团队也达成了一致的想法。

本章小结

创新破局之问："为什么"，激发洞察力；"如果……会怎样"，放飞想象力；"怎样"，强化创新执行力。

关于提问"怎样"时：

（1）不要独自探索，多询问其他人会怎么做。

"其他人"可以是企业内部的人员，也可以是客户、同行，甚至可以询问跨行业的人遇到类似问题会怎么做。

（2）以最小的失败成本获取最大的经验价值。

多问"怎样"，通过实践找到真知；可以用"最小化可行产品"（MVP）的概念，以最小的失败成本获取最大的经验价值，从而帮助你大幅降低商业风险，提升新项目的成功率。

（3）遇到挑战时，可以用"我们怎样才可能"。

本章思考

你过去遇到"怎样"问题的时候，是怎么做的？集思广益，还是单打独斗？这两种方式对最终结果影响有何不同？

05

第5篇

提问赋能下属成长

第一步，发出邀请

第二步，探索理想目标

第19章 聚焦目标，明确终点

第三步，用 SMART 原则，将目的量化为目标

- 第一问，明确目标含义：你说的工作方向具体指什么？更好地发展是什么意思呢
- 第二问，量化目标：如果用 1～10 分评价，10 分为最高分，你对目标的期望分别是多少分呢
- 第三问，明确目标可行性：达成这个目标在你可控的范围内吗？它的切实可行性如何
- 第四问，明确相关因素：不能如愿确定工作方向的目标，会有什么后果？会影响到其他人吗
- 第五问，确认目标的时间范围：你希望多久能确定工作方向

第四步，目标确认

第5篇 提问赋能下属成长

第20章 厘清现状，发现事实

- 第一步，确认事实：厘清现状、发现客观事实
- 第二步，分析原因：找出促进或阻挠目标完成的核心原因
- 第三步，资源确认：确认需要哪些核心资源和支持，能够帮助对方实现目标
- 第四步，目标再认：对之前的目标是否有新的认识，是否需要补充完善

第21章 开启思路，探索更多选择

- 第一步，直接询问：暂时避开下属的思维局限，激发其创造思维
- 第二步，启发引导：直接询问过程中，当下属一时想不到更多选择时，可以进行启发引导
- 第三步，确认方案：通过深入探究确认方案
- 第四步，方案评估：在众多的可选方案中，选择最合适的方案。这需要对所有可选方案进行评估，最终做出取舍

第22章 担责确认，强化行动意愿

- 第一步，担责确认：有责任确保行动有结果
- 第二步，总结和肯定：可以分为总结对话和积极肯定两小步
  - 总结对话：让教练对象复述自己即将实施的行动，激发其自行思考问题解决策略
  - 积极肯定：对教练对象表现好的地方进行肯定鼓励

制图｜醒梦

———

　　本篇聚焦赋能下属成长：作为上级，你将学习到如何通过日常 1 对 1 的提问，帮助下属厘清现状，减少干扰，使团队成员从内心找到对应的解决办法。

为什么上级辅导下级这么重要呢？

　　作为上级，我们往往希望下属能迅速成长，并且通常会选择培训作为首要手段。但世界大型企业联合会的研究表明，最有效的人才发展方式是**高管教练或指导**，过往最常见的人才外出的社会学习只排名第 8，如表 V-1 所示。2009 年，谷歌（Google）启动了"氧气计划"，对公司内部的 1 万多名员工进行了访谈和问卷，最后总结出了出色管理者的 8 项能力，其中排在第一位的是"成为一个好教练"，而最后的才是"用你的专业技术能力给出建议"。

表 V-1　未来对人才发展方式的投资[注]

发展方式	百分比
高管教练或指导	48%
行动学习（业务挑战，模拟）	41%
重点技能发展	33%
高管评估	31%
高管教育/学术性大学课程	28%
国际工作任务	28%
轮岗计划	22%
社会学习	5%

资料来源：世界大型企业联合会。

注：所提的问题是"你的组织在未来 12 个月内将更多资源分配在哪里？"样本数 N=654，允许有多项选择。

一个优秀的管理者，应该像教练那样去启发和辅导下级，帮助员工成长，而非直接给予专业答案。

那么，作为一名管理者，在下属有困惑需要你给出建议时，该如何和他对话呢？怎样才可以做到既轻松，又能启迪对方自己寻找解决方案呢？

———————

⊖　里德尔，胡尔，格莱特．美国创新领导力中心（CCL）组织教练手册 [M]. 林菲，译．北京：电子工业出版社，2017.

许多世界 500 强企业专门聘请高管教练与其高管们定期做 1 对 1 沟通，而 GROW 模型 [⊖] 就是教练技术中最有效的一个常用工具，也是很多世界 500 强企业管理者必学的沟通方法。

　　GROW 模型围绕目标设定和方案寻找进行提问，旨在帮助团队成员厘清现状，减少干扰，使其从内心自己找到对应的解决办法。工作中常被用于员工辅导，帮助他人成长，也适用于生活中和家人、朋友的高效对话。

　　GROW 中文意思为"成长"，帮助员工或他人成长（见图 V-1）。

　　G（Goal，聚焦目标）：通过启发式的提问帮助下属找到并确认真正期望达到的目标。

　　R（Reality，厘清现状）：帮助下属厘清现状、发现客观事实和完成目标的相关因素。

　　O（Options，选择策略）：开启下属思路，探索更多的方案选择，最终找到最佳的方案。

　　W（Will，强化行动意愿）：协助下属制订行动计划，强化行动意愿，并确定下次沟通的时间。

　　⊖　惠特默. 高绩效教练 [M]. 徐中，姜瑞，佛影，译. 北京：机械工业出版社，2019.

- 发出邀请
- 探索理想目标
- SMART量化
- 目标确认

- 确认事实
- 分析原因
- 资源确认
- 目标再认

聚焦目标-Goal 1 厘清现状-Reality 2

GROW
模型

4 强化行动意愿-Will 3 选择策略-Options

- 担责确认
- 总结和肯定

- 直接询问
- 启发引导
- 确认方案
- 方案评估

图V-1 GROW模型

所以，GROW 模型也相对应分为四步：聚焦目标、厘清现状、选择策略，强化行动意愿。本篇具体阐述 GROW 模型的每个具体步骤。

第19章

聚焦目标，明确终点

为学须先立志。志既立，则学问可次第着力。立志不定，终不济事。

——朱熹《朱子语类》

GROW 模型的第一步：聚焦目标

目标是明确你的团队成员要去哪里，是终点；而现状是出发点，是起点。

当我们想要开车前往某地时，目标是终点，起点是出发时的位置，路径是你的策略方案，开车是行动。如果不明确要去哪里，只有起点，没有终点，导航仪是无法规划路线的。

目标、现状、策略、行动是问题分析解决并达成绩效的一个闭环，**缺一不可**。但其中最重要的还是目标确认，如果目标不清晰或错误，对后面三项的分析就会完全不同，因为它们都是为目标服务的。

案例

几年前，公司新来了一个实习生小王，她刚毕业，英语专业，工作不仅认真，而且高效，一天就可以完成其他人 2～3 天的工作任务。

但她没有认真思考过未来的职业规划，对自己未来工作的侧重点，是做市场工作、翻译工作，还是参与到业务项目中，她并不十分清楚。对未来是否打算考研，是留在上海工作还是回老家陪在父母身边，也不能确定，为此，她非常困惑。

为了帮助她有更好的职业发展，我就用 GROW 模型与她进行 1 对 1 对话。

聚焦目标的四个步骤

第一步，发出邀请

你可以先发出一个聊天邀请。先让对方放松下来，了解对方的核心困惑。

我：小王，今天你最想和我聊的是什么事情呢？

小王：我想和您聊聊我该做些什么，因为现在都是上级给我安排具体工作，一旦领导没有及时告知我下一步行动，我就不知道该做些什么。更重要的是，就像您面试时问我对工作的看法，未来怎样发展，我都很困惑。

我：为什么这个对你很重要呢？你需要我帮助你什么？

小王：因为我不想浑浑噩噩地过日子，希望老师您能帮助我规划未来的职业发展方向。

第二步，探索理想目标

我：那关于这个话题，你认为最理想的状态或结果是什么？

小王：早点确定工作方向，未来也可以有更好的发展。

第三步，用SMART原则[⊖]，将目的量化为目标

第一问，明确目标含义：你说的工作方向具体指什么？更好地发展是什么意思呢？

⊖ SMART 原则，S：specific，目标的明确性，即目标一定要明确，不能太模糊；M：measurable，目标的可度量性，即制定的目标一定是可以量化的；A：attainable，目标的可实现性，即目标必须是可以实现的，或者说经过努力是可以实现的；R：relevant，目标必须和其他目标具有相关性；T：time-based，目标必须具有明确的截止期限，即目标只有在一定的时间内达成才有意义。

小王："工作方向"指我确定应该做市场、做业务，还是做翻译，"更好地发展"就是未来三年内我希望有更好的收入、能晋升为主管或经理、在一个确定的城市安定下来。

第二问，量化目标：如果用 1 ~ 10 分评价，10 分为最高分，你对目标的期望分别是多少分呢？

小王："确定工作方向" 10 分、"更好地发展" 8 分，"确定未来在哪个城市" 7 分。

第三问，明确目标可行性：达成这个目标在你可控的范围内吗？它的切实可行性如何？

小王：现在确定工作方向我认为是可控的，因为我能感觉到我喜欢什么，几天实习下来，我对市场和翻译工作都比较感兴趣。但做业务要和人打交道的时候感觉有些力不从心。"更好的事业发展和未来在哪个城市工作生活"目前对我来说还不可控，所以现在还不需要急着考虑。

第四问，明确相关因素：不能如愿确定工作方向的目标，会有什么后果？会影响到其他人吗？

小王：自己可能会很失望，每天工作没有方向感，也无法很好地提升自己的能力，会影响到以后的事业发展和生活。至于其他人，我想父母可能也会担心。

第五问，确认目标的时间范围：你希望多久能确定工作方向？

小王：今年 3 月份。

第四步，目标确认

双方对目标选择达成共识。一般提问是：所以，你希望……是这样吗？

我：所以，你是想在 2019 年 3 月明确具体的工作方向（比如市场、翻译或业务），最好能找个符合自己天赋的方向，在工作中能不断提升自己的能力，从而为以后的事业发展打好基础，同时让家人为你自豪，是这样吗？

小王：对。

最初小王想和我聊的是"我该做什么"，感觉目标就像远在 5 万米的高空，非常不聚焦，而经过上述 GROW 模型的对话，她的目标开始聚焦了，降至了 50 米的高度上。

工作中，当下属的目标太泛的时候，我们可以通过提问利用 SMART 原则，把一个大的目标转化为一个个具体、可衡量、可控、相关、有时间范围的小目标。

以上案例中，如果你是我，当最后听到小王说"对"时，是否就可以确认我已经帮助她厘清了目标？

本章小结

首先，我们明确了，作为一个优秀的管理者，应该像教练那样，有耐心地去启发和辅导下级，从而帮助员工成长。

GROW 模型，用于员工辅导，帮助他人成长，是围绕目标设定和方案寻找的有效工具。

GROW 模型由聚焦目标、厘清现状、选择策略、强化行动意愿四部分组成。

GROW 模型的第一步：聚焦目标。可以按"发出邀请、探索理想目标、把目标做 SMART 量化以及目标确认"四步，通过有效提问帮助下属聚焦目标。

本章思考

观察一下你身边的哪些场景可以运用本章的 GROW 模型进行 1 对 1 对话，注意对话过程中只提问，不直接给出建议。

第20章

厘清现状，发现事实

理想与现实之间，动机与行为之间，总有一道阴影。

——艾略特

GROW 模型的第二步：厘清现状

厘清现状 R（Reality），即帮助下属分析现状、发现客观事实，寻找完成目标的核心因素。

目标就像是开车旅行的终点，现状就是起点。只有明确了终点和起点后，才能引导对方规划开车的路径。

小王想在 2019 年 3 月明确具体的工作方向（如市场、翻译或业务），最好能找个符合自己天赋的方向，在工作中能不断提升自己的能力，从而为以后的事业发展打好基础，同时让家人为她自豪。

在帮助小王确定好目标后，未经过提问训练的人，可能会随意发问，如：你现在主要做什么工作？你喜欢什么样的工作？你满意现在的薪水吗？目前办公地址在哪里？平时参加过什么培训，等等。很可能问了半天，还是无法助其厘清现状。

厘清现状提问四步法

第一步，确认事实

我：小王，目前你的工作状态怎么样？现在主要困惑是什么？

小王：我英文八级，目前做了翻译工作，感觉工作比较得心应手；平时我也协助品牌做公众号运营等市场工作，这个工作我也有兴趣参与；至于我现在主要承担的客服工作，做起来就有些吃力，因为客户都是各公司老总，我不知道怎么和他们有效沟通；还有，目前我还不了解自己天赋是什么，也不清楚先要重点提升哪个能力。所以，我也在考虑明年是否考研，继续深造。最后呢，我是家里独女，父母岁数比较大，也想过是否要回老家找个工作，陪在他们身边。

我：既然翻译、市场和客服工作你都参与了，如果让你按满意度打分，1分为最低分，10分为最高分，你分别给它们打多少分呢？

小王：翻译9分，市场8分，客服工作7分。

我：为什么呢？

小王：翻译我本身就比较擅长，而且翻译的内容并非枯燥的技术说明书，而是关于怎样成为一个高效管理者的主题文献，里面涉及了领导力、问题分析解决、概念思维等各方面主题。我既能在这个过程中得到学习提升，也能帮助客户成长，我觉得很有意义。至于市场工作，虽然过去没有做过，但我有兴趣对此多些了解。

但客服工作，我感觉自己个性比较内向，和陌生人打电话我有些顾虑，如果对方不接电话，我会有一种挫败感。

我（小结复述确认小王的想法）：选择工作时，你既考虑了自己是否擅长、感兴趣，也考虑到要符合自己的性格。另外，工作对他人是否有意义也是一个衡量标准。我的理解正确吗？

小王：是的，关老师，好像就是这些。

我：翻译工作你打了9分，那1分扣在哪里呢？

小王：因为我也参与了市场和销售工作，时间上就比较难保证专注地做好翻译工作，而且我也不清楚翻译工作的未来会怎样，我会一直做翻译吗？我觉得翻译就是一个工具，除了翻译，也想做点其他事情。

我：如果这项工作满意度要达到 10 分，你过去做过什么努力？效果怎么样？

小王：我不想一直只做翻译工作。有一次，关老师让我不用逐字翻译"时间管理"主题的英文资料，而是按照自己理解做个关于"时间管理"的幻灯片，这种参与实际课程研发的工作，让我非常有成就感。

我：如果是这样的现状，对你未来职业规划有什么影响吗？你最不愿意看到的是什么？

小王：如果把我擅长的翻译工作和感兴趣的课程研发工作结合起来，我就有成长，我不太愿意五年后还是纯粹地做翻译工作，感觉会很枯燥。

第二步，分析原因

确认好当前事实后，就需要找出促进或阻挠目标完成的核心原因，只有发现核心原因，才能提出有针对性的建议。

我：你认为促进目标达成的最重要因素是什么？

小王：除了翻译，要重点加强对课程设计的学习，还需要看更多关于高效管理者的英文文献。当然，还要多了解客户的具体需求，这样方便有针对性地研发教材。

我：这些因素中哪个因素目前最关键呢？（确认不同因素

的重要程度。）

小王：目前看来，了解客户需求最关键，因为课程设计需要围绕用户需求来确定。

我：这些因素里，你觉得可控的是哪些呢？

小王：可控的是翻译工作，至于课程设计和客户需求了解，需要团队的帮助和辅导。

第三步，资源确认

资源确认的目的在于，确认需要哪些核心资源和支持，能够帮助对方实现目标。

我：完成这个目标，你现在有哪些资源？需要什么支持？你有什么优势吗？

小王：课程相关主题的英文文献可以到各大图书馆搜索查询，也可以咨询请教公司课程研发的前辈有哪些好的资料库或英文网站。我的优势是英文翻译能力，至于课程设计，我希望能成为公司课程研发团队的一员，从课程研发助理做起。

第四步，目标再认

再次就目标进行确认，检查经过前三步的对话对方是否有认知上的变化，对之前的目标是否有新的认识，是否需要补充完善。

　　我：小王，基于以上讨论，你有什么感想？你对你的目标有调整吗？

　　小王：对，我还要再补充完善。之前的目标是：我想在 2019 年 3 月明确具体的工作方向（如市场、翻译或业务），最好能找个符合自己天赋的方向，在工作中能不断提升自己的能力，从而为以后的事业发展打好基础，同时让家人为我自豪。经过和您的对话，我觉得需要从兴趣、擅长和对他人有价值的角度出发，选择理想的工作。目前看来，翻译＋课程研发助理，是符合这些标准的。至于市场工作，如果有多余时间，我可以参与其中，支持大家，不过客服工作，因为和我个性不太符合，需要暂时先放一放。

　　基于 GROW 模型，对目标的确认，只有经过第二步的厘清现状，在对现状进行分析的基础上，对目标进行修订之后，才能确认最终目标。

本章小结

　　厘清现状即帮助下属分析现状、发现客观事实，寻找完成目标的核心因素。目标是终点，现状就是起点，现状分析可以帮助对方更好地思考未来的解决方案。

　　厘清现状可以分为四个步骤：确认事实、分析原因、资源确认和目标再认。

厘清现状的一个重要作用是帮助对方重新完善 GROW 模型第一步确认的目标，让目标更加清晰。

本章思考

为什么我和小王聊现状的时候，先聚焦和她聊具体适合的工作是什么，而非考研和回老家这些话题呢？

请你用厘清现状四步法和你的同事或家人聊一次，同样，只提问，不给出建议。

第21章

开启思路，探索更多选择

命运不是机遇，而是选择。

——丁格　美国当代哲学家

GROW 模型的第三步：选择策略

　　策略是为达到目的所做的一系列选择，是完成目的的手段和方法。在这一步，我们需要探索更多选择，以更好地实现目标。上级可以通过 GROW 模型引导下属想出尽可能多的可选方案，而非直接给建议。

　　此阶段，选择方案的数量比质量更重要，需引导下属尽量不要遗漏潜在方案。只有拥有广泛而富有创造性的各种可能，才能挑选出最优的行动方案。当下属认为没有更多想法的时候，可以通过提问不断激发其思考。

选择策略的四步提问法

案例中小王的目标是：从兴趣、擅长和对他人有价值的角度出发，先选择翻译 + 课程研发助理的工作，聚焦于"高效管理者"这个主题领域的研究，在工作中不断提升能力，为以后的事业发展打基础。

第一步，直接询问

我：为了实现目标，你能想到的具体方法有哪些？

小王：我可以利用公司的数据库网站，搜索相关的主题文献，将收集好的相关资料发给课程研发人员进行挑选。一旦确定，就可以开始翻译，并配合同事做好教案设计的助理工作。

我：你认为过去哪些方法对目标达成是很有效的？（提醒对方保留过去的一些有效经验。）

小王：过去课程研发负责资料收集的小伙伴会将收集的文献资料按照背景、主题、研究价值、小结要点等要素分类，分别整理内容摘要，方便负责人进行决策，提高决策效率，而非直接发收集来的原版英文资料。但目前比较难的是，如何在浩瀚的资料库里找到最适合主题的文献，因为我目前还没有相关主题的专业知识经验，无法判断文章内容是否符合主题要求。

在上级辅导下级时候，会经常听到下属在方法实施上的一些困难，此时，优秀的管理人员会暂时避开下属的思维局限，激发其创造思维，将"不行"尽量转化为"可行"。

我：如果不考虑专业知识经验的不足，你怎样可以找到合适的资料？

小王：我可以从相关文献的下载次数，初步判断其是否属于高质量文章。

我：还有其他什么和过去不同的做法吗？（鼓励对方继续提出新想法。）

小王：暂时还没有想到。

第二步，启发引导

直接询问过程中，当下属一时想不到更多选择时，可以进行启发引导。

我：那在类似情况下，其他人会怎么做？谁可以帮助你出主意呢？

小王：对，我可以搜索类似主题的课程，看看行业里其他专家是怎么做的。还可以请教我们的课程研发总监，请他给我一些指导。

我：如果我们角色互换，你会建议我怎么做呢？

小王：如果有这个机会，我建议您可以先专注一个主题的内容，进行深入的研发。比如"高效管理者"这个主题还是比较宽泛，不妨先聚焦其中一两点着重研发。

启发引导的收尾环节，上级可以直接分享自己的经验，但分享前需征得对方的同意，可以使用提问方式给予建议。

我：感谢你刚才的建议，非常好。站在我的角度，我再给你一个补充建议，你想听听吗？

小王：好啊，我非常想听听您的建议。

我：搜索具体文献前，你或许可以先和课程研发总监就关键词达成共识，例如搜索"提问"主题的内容，你不妨试试"好处""问题""决策""创新"等关键词。

小王：对，谢谢老师的提醒。

第三步，确认方案

我：经过以上沟通后，你现在有哪些可选的方案呢？

小王：我觉得有以下四个方法。

（1）在某个大的主题里先聚焦一个小主题进行深入研究，比如提问。然后请教课程研发总监，与他就关键词达成共识。

（2）找到相关文献后，关注数据库里相关文献的下载次数，初步判断文章质量。

（3）搜索和阅读行业里现有提问主题课程或书籍，借鉴其他专家进行课程设计或书籍内容大纲编写的方法。

（4）按照公司文献分类格式，将搜索到的原版英文文献整理出一个内容摘要，方便课程研发总监进行决策。

我：如果做到上面四点，你觉得可以达成目标了吗？（继续鼓励提出新方法。）

小王：好像还不够，我还需要知道目标客户对相关主题的需求，然后根据大部分客户的共性需求，再去决定搜索的关键词。

第四步，方案评估

方案评估，即在众多的可选方案中，选择最合适的方案。这需要对所有可选方案进行评估，最终做出取舍。

只有对方案进行评估，量化效果，才能知道，哪个方案值得花更多时间，而哪个方案只需要简单尝试，哪个可以暂时不做。

可以选择第9章介绍的"策略优先排序矩阵法"，根据策略的重要性和可操作性两个维度，用矩阵的形式对各种策略进行衡量决策。

我：你会用什么标准衡量评估这些方案呢？

小王：我会选择方案的实施效果和自己的能力水平作为主要标准来衡量。

我：如果按你的这个标准，你提出的哪个方案最好呢？请用 1～10 分评估下，1 分为效果最差，10 分为最好。

小王：我觉得要先知道目标客户对相关主题的需求，这个要优先去做，重要性为 10 分；聚焦一个小主题深入研究，过程中随时请教课程研发总监，听取他的建议，这个方法的效果应该是 9 分；搜索其他专家怎么设计同类产品，效果是 7 分。

我：为何前两个策略分数这么高，最后一个才 7 分呢？

小王：因为如果脱离客户需求，课程研发就会失去方向。我刚学习课程研发，如果不及时请教上级，就容易走弯路，效率低下。至于其他专家的做法，我可以借鉴，但如果全部照搬，就会失去自己产品独特的核心优势。

本章小结

选择策略就是为了实现目标，上级要引导下属想出尽可能多的可选方案，而非直接给建议。当下属认为没有更多想法时，上级可以通过提问不断激发其思考，尽量避免遗漏其他潜在方案。

选择策略可以分为四个步骤：直接询问、启发引导、确认方案、方案评估。

本章思考

当你和下属沟通任务时，下属往往会习惯性地提出一些反对意见，比如：这不太可能、其他部门的人不会同意的、成本太高了、我们的预算不够、现在团队成员的能力不够等，在听到这些反对意见时，你该如何通过提问，激发其开始进行正面思考？

请选择一个主题，按选择策略的四步法和你的同事或家人聊一次，同样，只提问，不给出建议。

第22章

担责确认，强化行动意愿

真知即所以为行，不行不足谓之知。

——王阳明《传习录》

GROW 模型的最后一步：强化行动意愿

在教练辅导的最后阶段，要把之前的讨论转化为执行意愿，即你将要做什么，以保障行动者能为结果担责。

王阳明曾说："未有知而不行者，知而不行，只是未知。"在他看来，知道而不采取行动的人，并不是真正知道其中的道理。坐享其成的人不能理解"有付出才有回报"。

行动是认知的外在表现，是认知深化的一个过程。一旦

GROW 模型确定了目标、厘清了现状，选择了策略，就需要有强烈的意愿和承诺去立即行动。知而乐行，方能行远。只有突破舒适区才会有结果，真正的行动是来自内心的自觉，而非外在的约束。

强化行动意愿的步骤

第一步，担责确认

担责和负责不同，担责是一种人格特质，也是一种核心领导力。担责是我有责任确保行动有结果，而负责是我有责任采取行动。担责是不断在探讨我还能做些什么，愿意为自己的选择、行动所产生的结果做出回应，担责是责任加承诺。

我：根据刚才说的，你将会有哪些行动？第一步行动是什么？（鼓励她立即行动。）

小王：我需要在接下来两周内调研目标客户的需求，收集其他专家是如何设计同类产品的资料，我第一个行动是在一周内和课程总监先约个会议，了解他对产品研发的看法。

行动是策略的执行，询问对方"将"会有哪些行动，要比问"想"采取什么行动更有力。

我：谁需要知道你的行动计划？

小王：课程总监，当然，重要的事情，我觉得也应该抄送您知道。

重要行动，需要提前告诉利益相关方。如果等事情做完了才发现，重要的利益相关方根本就不同意该行动，将会严重破坏团队成员彼此间的关系。

我：这些方案可能会遇到哪些障碍？

小王：关于客户调研，我过去没有做过专业的问卷设计，这将是我现在面临的最大障碍。另外，我也欠缺结构化的调研思路来了解其他专家是如何设计同类产品的。例如，对于具体调研什么，调研到什么程度等，我都信心不足。

提前为未来可能遇到的行动障碍做准备非常关键，只有未雨绸缪才能放大执行效果。工作中不少管理者制订行动计划时，往往可能盲目乐观，一旦出现障碍就束手无策。所以有经验的教练会通过提问来帮助教练对象防患于未然。

我：那你需要谁或哪些资源来助你一臂之力？

小王：我需要课程总监，或者对调研问卷设计有经验的专家的指导。

支持可以有不同的形式，可以是内外部人员、资源等。

例如，私董会里，会员彼此会进行 1 对 1 担责，即确定另外一个企业家会员作为 1 对 1 担责伙伴，帮助、提醒和督促需要采取行动的会员。

我：你何时、如何争取这些帮助？

小王：我想下周开始行动，届时我会主动找课程总监寻求帮助。

我：我如何知道你的行动进展？你有几分确定自己会执行我们达成的行动方案，用 1～10 分评价。

小王：我计划今晚就制作详细的行动计划表，然后收邮件给您。对我执行自己的行动计划，我打 8 分吧。

通过对执行达成共识的行动计划的度量式提问（1～10分），教练可以再次和教练对象进行担责程度确认。

我：谢谢你对行动的承诺，但是什么阻碍了你打 10 分？你计划如何让自己对行动计划的评分提升到 10 分？

小王：我还是担心自己在问卷设计方面经验不足，但是如果我能多主动请教课程总监或外面的专家，就更有信心去执行。

对承诺人步步跟进，通过有力提问不断挑战其承诺，争取不留死角，保障执行结果。

第二步，总结和肯定

总结对话成果，可以分为总结对话和积极肯定两小步。

1．总结对话

总结对话的目的是让教练对象复述自己即将实施的行动，激发其自行思考问题解决策略，而非等着上级告诉该怎样做。转变角色，从局外人变为主人翁。

我：你可以总结一下我们的对话吗？

小王：好的，我计划接下来两周内调研目标客户的需求，收集其他专家是如何设计同类产品的资料，先和课程总监约个会议，看看他对问卷设计有什么建议，过程中如果遇到自己不太明白的地方，会主动多次请教。

我：今天你的收获感悟是什么？你看到自己的哪些不足，计划如何改变？

小王：今天对话的最大感悟是让我对未来行动有了风险意识，从而可以提前做准备。过去我采取行动时，往往不会事先设想可能遇到的障碍，所以有时候一些事情没有完成，就容易为自己找借口。我想以后我会把今天的对话变成一种习惯，学会自我对话，确保行动的成功率。

在私董会里，1对1沟通的最后环节是价值收获。此时，教练对象需要确认从对话中学到了什么。但比学到什么更有力的提问是，问教练对象看到自己的哪些不足，计划如何改变。相比老师问学生学到什么，教练更关注教练对象的自我觉察反思和行动改变。

2．积极肯定

教练需要在谈话结束前，对教练对象表现好的地方进行肯定鼓励，让教练对象充满能量去立即行动。

我：通过今天的对话，我发现你思维敏捷，而且愿意主动探索和学习，勇于挑战还不是很熟悉的工作任务，更难能可贵的是你能想到主动找上级沟通请教。

小王过去的风格是喜欢钻研，但过强的好胜心使得她和上级的主动沟通不够。通过 GROW 模型对话，小王意识到应主动请求他人帮助，这点让我特别欣慰。

路虽远，行则将至，事虽难，做则必成。

本章小结

在教练辅导的最后阶段，强化行动意愿的重要作用是把之前的讨论转化为执行意愿，即你将要做什么，以保障行动者能为结果担责。

强化行动意愿可以分为两个步骤：担责确认、总结肯定。

本章思考

平时你和下属、朋友或家人说了很多你期待他们做的事情，他们满口答应，但最终你发现他们或者没有行动，或者行动效果不好，通过本章的学习，以后再和他们对话，你可以改进什么？

请你用本章学习的强化行动意愿的方法和你的同事或家人聊一次，同样，只提问，不给出建议。

06

第6篇

提问助力向上管理

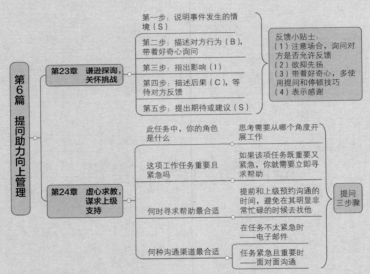

第6篇 提问助力向上管理

第23章 谦逊探询，关怀挑战
- 第一步：说明事件发生的情境（S）
- 第二步：描述对方行为（B），带着好奇心询问
- 第三步：指出影响（I）
- 第四步：描述后果（C），等待对方反馈
- 第五步：提出期待或建议（S）

反馈小贴士：
（1）注意场合，询问对方是否允许反馈
（2）欲抑先扬
（3）带着好奇心，多使用提问和停顿技巧
（4）表示感谢

第24章 虚心求教，谋求上级支持
- 此任务中，你的角色是什么 —— 思考需要从哪个角度开展工作
- 这项工作任务重要且紧急吗 —— 如果该项任务既重要又紧急，你就需要立即寻求帮助
- 何时寻求帮助最合适 —— 提前和上级预约沟通的时间，避免在其明显非常忙碌的时候去找他
- 何种沟通渠道最合适
  - 在任务不太紧急时——电子邮件
  - 任务紧急且重要时——面对面沟通

提问三步骤

制图 | 醒梦

——

罗杰·施瓦茨在《聪明领导，高效团队》书中谈到企业陷入困境的根因，一方面，企业领导者用"单边控制模式"行事，自己不愿改变，同时又希望他人行为改变；另一方面，高管团队认为只要听从领导者就可以，无须彼此担责，同时，对领导的不当行为秘而不宣。

因此，不少下属和上级沟通的时候，会容易向上级隐瞒自己的不同观点和真实想法，不愿分享自己行为背后的理由、动机。这种沟通模式不仅降低了团队决策质量，造成紧张的团队关系，导致执行结果差，并且削弱了团队的有效性，最终导致企业陷入困境。

本篇主要分享在"下级向上管理"场景里，提问是如何发挥作用的，包括：

（1）和上级意见不一致的时候，下属如何与其进行良好沟通。

（2）当在工作上遇到困惑时，如何寻求上级帮助。

第23章

谦逊探询，关怀挑战

团队担责的核心在于给予或接受来自同事的诚恳反馈，哪怕是负面反馈。无论你身居何位，这是最为基本的担责，是个人成长最基础的一项能力。

——罗杰·施瓦茨《聪明领导，高效团队》

案例

某企业市场部总监沈总和总经理苏总的关系最近有些不和谐。因为沈总发现，有时候，苏总会跳过他和他管理的市场部同事开会，询问他们对工作的看法，甚至直接安排工作，这个行为让沈总非常不快。

在苏总看来，沈总在某次公开会议上，就新产品定价策略，当众表达了和他不同的观点。这个行为让苏总觉得有些难堪，他开始疏远沈总，更愿意和其他高管沟通。

沈总想找苏总好好聊一次，化解相互之间的矛盾。但又纠结于，他不确定是否要告诉苏总自己对其不满的真实原因。

如果你是沈总，你将如何和苏总沟通呢，沉默不说，还是坦诚相告？

为何下级对上级的表现不满意的时候，往往选择隐而不说？

- 有人认为，说出来就是为难上级，可能会遭到对方的挑战，甚至影响职业发展。
- 有些人认为，上级应该靠自己洞察自身对于团队问题的影响，所以他们选择秘而不宣。
- 受中国传统文化影响，给他人留面子，忍耐。

但据我多年的教练实践经验，说出来的收益往往远大于不说的风险！

下级对上级表现不满意的时候，如果隐而不说，选择沉默，上级就无法知道你郁闷的感受，也不知道其自身哪里没有做好，也就没有机会改进。这样一来，问题将持续存在，结果只会是双输的状态。

此时，如果下属向上级谦逊探询，诚恳反馈，不仅可以化解矛盾，达成共识，还能促进双方共同成长。

谦逊探询，诚恳反馈

企业文化、组织心理学领域的开创者、奠基人埃德加·沙因（Edgar H.Schein）对"谦逊探询"的定义：谦逊地探询，是使人把话说出来的艺术，是在对他人好奇和兴趣的基础上建立交往的艺术。而诚恳反馈，是真诚告诉对方你对他的真实看法。

谦逊探询，诚恳反馈，这里指的是下属以谦逊、客观的态度向上级说清现状，不断探询，引导上级说出真实想法，并向其提供多样化的选择，从而带给上级新的启发。

美国心理学家乔瑟夫和哈里对人际沟通进行了深入的研究，并根据"自己知道/自己不知"和"他人知道/他人不知"这两个维度，将人际沟通信息划分为开放区、盲目区、隐秘区和未知区四个区域，这就是心理学上著名的"乔哈里视窗"[⊖]（见图 23-1）。

⊖ 乔哈里视窗（Johari Window）是一种关于沟通的技巧和理论，也被称为"自我意识的发现——反馈模型"，中国管理学实务中通常称为沟通视窗。这个理论最初是由乔瑟夫和哈里在 20 世纪 50 年代提出的。上级为下属成长负责的同时，下属也应为上级能成为更好的领导担责。无论你身居何位，给予他人诚恳反馈都是个人成长最基础的一项能力。

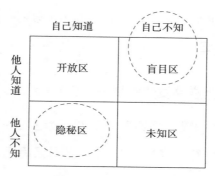

图23-1 乔哈里视窗

根据这一理论，沟通过程中，如果一件事情你知道，但你的上级不知道，一旦你选择隐瞒，就会导致上级存在盲区。

事实上，没有上级是完美的，其迅速成长很大程度上依赖于下属的反馈。企业要发展，不应该只有一个名义上的领导，企业的每位员工都可以发挥领导力。

SBICS 反馈模型

工作中，如何可以更好地给予上级诚恳反馈？分享给你一个我经常在辅导客户时使用的实用工具：SBICS 反馈模型 [注]，其中 S（situation）、B（behavior）、I（influence）、

[注] SBICS反馈模型，作者基于CCL（Center for Creative Leadship）创新领导力中心 SBI 模型，结合多年教练实践所创。

C（consequence）、S（suggestion）分别指**情境**、**行为**、**影响**、**后果**、**建议**五个步骤。

第一步：说明事件发生的情境（S）

这是指详细描述观察到的对方行为发生的情景，包括时间、地点、参与者等，帮助对方回忆事情发生的具体场景。

例如，沈总可以说："苏总你好，上周五下午3点左右，我看到我部门的几个同事和你在办公室开会，是吗？"

这样的探询，可以让苏总回忆起过去事情发生的具体场景。

第二步：描述对方行为（B），带着好奇心询问

这时要用事实客观描述对方的行为，不做假设、判断和评论，避免刺激对方。

在沟通中，不依赖传闻，因为传闻中的信息很可能包含他人主观判断的成分，影响反馈的真实性，要询问对方行为背后的真实动机。

例如，沈总可以接着问："有同事回来告诉我，您询问了他们关于新产品定价的看法，也给他们指出了一些工作上存在的问题，并且布置了一些工作任务，请问是这样的吗？（确认听

到的信息是否属实）可以分享下您此举的目的吗？（询问上级该行为背后的真实动机）"

或许苏总这样做主要是因为上次沈总在公开场合表达了对新产品定价的不同观点，所以苏总想听听沈总下属的想法。

第三步：指出影响（I）

接下来要告知对方，其行为对他人的影响，只表达感受，不做评价。

例如，沈总可以这样说："苏总，您直接和我的下属沟通，询问新产品定价的看法，并且直接给他们布置工作任务，我感觉不是很舒服，其他同事可能也会有所顾虑。因为他们不知道以后遇到问题，当我们俩观点不一致时，该听谁的。"

第四步：描述后果（C），等待对方反馈

继续告知对方其行为已经或者可能造成的不良后果。

例如，沈总可以这样说："苏总，如果这些事情经常发生，我担心您会比较辛苦，会影响到您总经理岗位的一些重要工作，我部门同事的工作应该首先由我担责管理，您觉得呢？"（告知对方其行为可能对其自身和团队造成的负面影响）

沟通过程中，要适当地停顿，观察或听取对方的反馈。

好的沟通，不是自己一直说，而是能够适时停下来，了解对方对自己刚才说的话的具体反馈。

　　苏总可能会说："是的，沈总，我认同。"

第五步：提出期待或建议（S）

　　最后可以就你希望对方做出的改变提出想法或建议。

　　例如，沈总可以这样说："苏总，关于您和我部门同事的沟通方式，我有些不同的想法，可以和您分享下吗？"

　　征得对方同意后，沈总继续："我希望，您以后如果想要了解市场部同事对新产品定价策略的想法，或者您有什么工作任务建议，不妨先告诉我，然后我去沟通，最后再将结果反馈给您。这样的话，我工作更有积极性，下属们也不会感到手足无措，您觉得如何？"

　　注意，这时千万不要说："苏总，请您以后不要再直接和我的下属沟通新产品定价事宜，或布置工作任务。"

　　好的反馈方式要向上级说明所提建议的理由，并用"您觉得如何"探询对方的想法，最终双方选择某个方案达成共识。

小贴士：

（1）注意场合，询问对方是否允许反馈。

和上级沟通的时候，无论在何种场合，你都需要始终保持礼貌，给予对方足够的尊重。另外，考虑到大多数上级工作事务繁忙，建议沟通之前，先预约合适的时间。

（2）欲抑先扬。

谈话可以从上级一个特别值得称赞的方面切入，可以是其态度或行为，并说明该行为为反馈者带来哪些好处或产生哪些好的影响。

（3）带着好奇心，多使用提问和停顿技巧。

和上级沟通，如果沟通时间是1个小时，建议你最多说30分钟，其他时间你要带着好奇心，多谦逊提问，比如"您觉得如何？您有什么想法吗？"等。你需要留给上级充分的时间去解释其行为背后的动机，这种教练对话方式，可以帮你有效达成共识并解决问题。

（4）表示感谢。

无论对方最终是否采取任何行动，反馈者都需要对本次的沟通机会表示感谢。

本章小结

工作不顺时，说出来的收益往往远大于不说的风险！此时，下属应该向上级谦逊探询，诚恳反馈。如此一来，不仅可以化解矛盾，还能促进双方成长，实现双赢。

SBICS 反馈模型，通过五个步骤给予上级诚恳反馈。

第一步：说明事件发生的情境（S）。

第二步：描述对方行为（B），带着好奇心询问。

第三步：指出影响（I）。

第四步：描述后果（C），等待对方反馈。

第五步：提出期待或建议（S）。

本章思考

如果上级开会习惯"一言堂"，从不主动了解参会人员的真正想法。会议后，对团队需要立即采取的行动也不提出明确要求。每次会后，大家总觉得会议无效，你该如何与他诚恳反馈呢？

第24章

虚心求教，谋求上级支持

判断一个人，不是看他给出什么样的回答，而是看他提出什么样的问题。

——伏尔泰

工作中，个别员工不习惯动脑，例如有经销商说业绩不好，是因为产品价格太高，应该降价。该员工听后就向上级请示是否可以降价。

几乎很少有上级会真正喜欢对工作没有想法的员工，这些员工在职场上也很难得到晋升。

遇到困惑时，下属如何积极主动地寻求上级的帮助，是其职场成功的关键之一。

假如你的上级（我们暂且称他为老徐）给你布置了一项紧急任务：准备公司年会的方案。但你之前没有相关的经验，对此感到很棘手，你会怎么做？

据我多年的实践观察，对此往往会出现以下几种情况。

- 你想求助上级，但刚走到其办公室的门口想敲门，就开始迟疑，感觉还是发封长邮件更合适，结果邮件改了又改，发出去后仍旧忐忑不安。
- 自己硬扛，没问清上级的具体需求，也不好意思请教其他同事，自己在网上搜索年会方案，花了好几天准备出一个方案，结果上级看了很不满意。
- 你找到上级，自责地告诉对方，自己无法胜任。

显然，以上做法都不能很好地完成任务，甚至会给上级留下不好的印象。

那么，当你希望能很好地完成上级交代的工作任务，但又感觉无助时，应该如何做呢？

你应该主动寻求上级的帮助。

一方面，每个人都有需要帮助的时候。虚心请教上级，得到你所需要的支持，并不代表你的能力不足。相反，这正是负责任的表现。

求教能帮助你解决工作中遇到的困难，顺利完成任务。

事实上，和上级保持良好的工作关系是你和你的团队开心成长和事业成功的关键。主动求教，和上级及时进行沟通，也可以有效避免后期因沟通不畅造成的一系列问题。

另一方面，你在求教上级时，实则也是给上级一次成长的机会，帮助他成为更好的赋能型领导。正如你平时支持上级一样，你的上级有责任为你提供辅导和支持。工作中，如何通过提问主动求教上级，获得支持呢？

求教前澄清四个问题

1．此任务中，你的角色是什么

这个提问是让你认清自己的定位。这不是推卸责任，而是让你思考需要从哪个角度开展工作。

在年会策划的案例中，你的角色可以是项目发起人、参与讨论者、具体方案策划者、方案落地执行者等。如果不清楚自己的角色定位，工作方向就难免会发生偏差。或许老徐只是希望你做发起人，组织其他更有经验的团队成员来参与讨论和实施。

2．这项工作任务重要且紧急吗

如果该项任务既重要又紧急，你就需要立即寻求帮助。

如果不是，你可以自己先进行一些准备或者请教其他同事的意见，之后再去寻求上级的帮助。

3．何时寻求帮助最合适

要提前和上级预约沟通的时间，避免在其明显非常忙碌的时候去找他。

比如，你可以这样说："徐总，针对年会方案，我有些问题想要请教您，您什么时间比较方便呢？"

4．何种沟通渠道最合适

电子邮件可以避免面对面的尴尬，也可以提供详细的背景信息等，但其缺点是不够及时，可以在任务不太紧急时采用这种方式。但当任务紧急且重要时，最好还是面对面沟通。

求教的三个提问步骤

第一步：确保清楚地发现问题所在

这一步首先需要收集事实，问自己以下几个问题：

- 问题出现的背景是什么？

案例中，你可以这样开场："徐总您好，我想了解一些年会的背景，您可以帮我介绍一下吗？"

- 问题解决的理想结果是什么？

可以请教老徐："徐总，请问这个年会你期望达到怎样的理想效果？"

- 什么因素导致了你的困惑？

是在上级布置的任务中你没有清楚自己的角色定位？还是自己确实无法胜任这项任务？

第二步：描述你到目前为止为解决该问题所做的工作

及时汇报事情处理的进展情况，如此一来，即使暂时遇到了问题，也能获得上级的理解。最好准备不止一个参考方案，以便上级给予评估和反馈。

比如，你可以这样说："徐总，关于这项任务，这些是目前我所做的工作。根据公司人员和预算情况，我做了一个年会项目概要表和大致任务分工执行表，您看一下。"

第三步：尽可能具体地描述你需要的帮助

可以运用 5W1H 的方法将所需帮助描述清楚。

例如，你可以提问：

● "徐总，关于场地，我们有两个方案。一个场地超出预算但面积较大，完全可以满足我们活动的需求；另一个是在预算范围内，但会有点挤，您怎么看？"

● "徐总，关于年会项目，我想请工会主席承担具体组织工作，毕竟他在这方面更有经验，您觉得可以吗？或者在项目成员任务分工上，您有什么建议？"

当获得上级的建议后，及时记录，避免后期遗忘。注意，你要求教的是解决问题的角度和方法，而非事无巨细地一一请教。

在日常工作中，要注意灵活使用提问框架六步法中的破解工作难题的提问技巧和上级对话，以更好地发现问题、找到解决问题的策略，最终落地实施。

本章小结

每个人都有需要帮助的时候，向上级虚心求教，并不代表你的工作能力不足。向上级寻求帮助，不仅可以有效解决我们工作中遇到的难题，帮助我们更快地成长，也可以帮助上级成为一个更好的赋能型领导。

向上级寻求帮助，获得支持的提问步骤如下所示。

第一步：确保清楚地发现问题所在。

第二步：描述你到目前为止为解决该问题所做的工作。

第三步：尽可能具体地描述你需要的帮助。

本章思考

工作中，向上级寻求帮助时，你可能会遇到以下几种极端情况。

（1）上级气愤地说："这种小事你都不能自行处理吗？事事都要我亲力亲为，那还要你们干什么？"

（2）上级不耐烦地说："你都考虑周全了吗？没想清楚之前别来找我！"

（3）上级一直忙于其他事情，每次找他，他都说："我很忙，请你之后再来找我。"

请结合本章中学到的方法，谈谈你该如何应对。

07

提问塑造组织文化

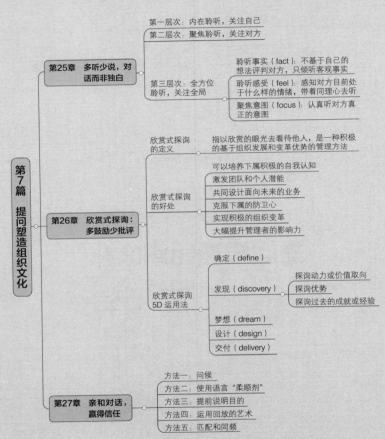

第7篇　提问塑造组织文化

第25章　多听少说，对话而非独白
　　第一层次：内在聆听，关注自己
　　第二层次：聚焦聆听，关注对方
　　第三层次：全方位聆听，关注全局
　　　　聆听事实（fact）：不基于自己的想法评判对方，只倾听客观事实
　　　　聆听感受（feel）：感知对方目前处于什么样的情绪，带着同理心去听
　　　　聚焦意图（focus）：认真听对方真正的意图

第26章　欣赏式探询：多鼓励少批评
　　欣赏式探询的定义
　　　　指以欣赏的眼光去看待他人，是一种积极的基于组织发展和变革优势的管理方法
　　欣赏式探询的好处
　　　　可以培养下属积极的自我认知
　　　　激发团队和个人潜能
　　　　共同设计面向未来的业务
　　　　克服下属的防卫心
　　　　实现积极的组织变革
　　　　大幅提升管理者的影响力
　　欣赏式探询5D运用法
　　　　确定（define）
　　　　发现（discovery）
　　　　　　探询动力或价值取向
　　　　　　探询优势
　　　　　　探询过去的成就或经验
　　　　梦想（dream）
　　　　设计（design）
　　　　交付（delivery）

第27章　亲和对话，赢得信任
　　方法一：问候
　　方法二：使用语言"柔顺剂"
　　方法三：提前说明目的
　　方法四：运用回放的艺术
　　方法五：匹配和同频

制图｜醒梦

———

职场中的烦恼，大约 90% 来自人际关系。而人际关系中的烦恼，很多来自沟通。

职场上，团队目标往往需要团队成员彼此精诚合作才能完成。因此，对管理者而言，处理人际关系的能力尤为重要，其重要性甚至会超过个人的专业技能。然而，现实中，缺乏良好沟通能力的人却比比皆是，甚至不少人会采取暴力沟通的方式。例如，各种语言上的指责、嘲讽、否定、说教，以及任意打断、拒不回应、随意评价。这些语言暴力带给我们的情感和精神上的创伤，往往比肉体上的伤害更甚，这些无心或者有意的语言暴力，让人与人之间变得冷漠、隔阂和敌视。

良好的沟通等于良好的聆听、提问和反馈。提问能够促进团队合作，有利于营造充满正能量、相互信任的环境氛围，激发团队成员充分且清晰地表达各自的需求，使个人和整个团队形成良好的工作关系。

本篇主要探究如何通过提问塑造开放的组织文化。通过聆听、欣赏式探询、亲和对话，改善团队成员彼此的关系。从重塑心智模式开始，改变对话模式，展现良好的沟通行为，从而塑造开放、透明的组织文化氛围。

第25章

多听少说，对话而非独白

最纯粹的沟通是没有记忆或欲望的聆听。

——威尔弗雷德·拜昂　英国精神分析学家

好的提问源于好的聆听，很难想象一个不懂得聆听的人能提出好问题。

事实上，企业中往往会有不少人不善于聆听，他们以自我为中心，没有耐心，经常打断别人讲话，凭个人经验和喜好就下结论，造成团队人际关系紧张，影响团队工作的积极性。

案例

小黄在公司负责一个新肥料产品的推广。新产品相比其他产品，品质更好，但价格高了 30%，客户群体主要是广大农村市场的夫妻店。

项目启动了三个月，进展不是很顺利。小黄决定寻求上级老梁的帮助。

小黄找到梁总，直接说："梁总，目前新项目推进遇到了障碍，我们的业务员拜访了近100个客户，但只有5个客户对我们的新产品有兴趣，其他客户觉得我们新产品的价格太高。"

老梁一边处理手上的其他工作，一边问小黄："我们的业务员有没有把新产品的特色告诉客户？"

小黄解释道："业务员和客户解释了新产品的特点，但客户还是选择采购竞争对手的产品，因为客户不清楚我们的新产品到底效果怎么样。他们说……"

还没等小黄把话说完，老梁就打断了小黄，有些生气地对小黄说："关于新产品的特色，我记得产品部给你们团队都培训过两次了，你们怎么还讲不清楚效果呢？今天正好有个客户给我打电话，我向他介绍了新产品，客户听完后立即决定采购。看来你们团队对新产品的特色还不熟悉，算了，下个月，我再亲自给你们做一次培训。"

以上这些对话，如果你是小黄，你有什么感受？

显然，老梁不是一个好的聆听者。

说与听是沟通的两大关键要素。但是实际沟通中，大家往往都急于"说"，很少有人会用心"听"。

对下属而言，被听见就是被重视，它满足了自我表达及与他人沟通联系的需要。而一个具备聆听能力的上级，不仅可以更好地理解下属，避免误解和冲突，还可以增强自己的影响力和说服力，提升下属工作的积极性。

那具体聆听是什么呢？如何才能成为一个好的聆听者？

听得好，才能问得好。只有认真听，你才能真正理解对方说了什么，听出对方想说但还未说出口的话。

聆听三层次

聆听是教练技术中最为重要的基本技能，聆听可以分为三个层次：内在聆听、聚焦聆听、全方位聆听 $^{\ominus}$（见图 25-1）。

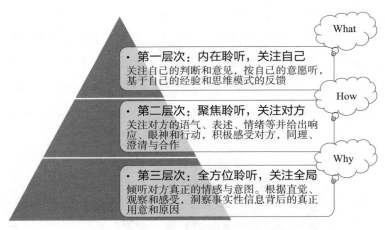

图25-1　聆听三层次

$\ominus$　霍斯，等. 共创式教练：转变思维，蜕变人生 [M]. 2 版. 王宇，译. 北京：电子工业出版社，2014.

第一层次：内在聆听，关注自己

第一层次的聆听者，聚光灯在自己身上。

第一层次的聆听者，注意力往往不集中，听别人讲述时心不在焉，只是聆听对方的某些话语或信息，而忽略对方讲述时的其他重要信息。处在该层次的聆听者会常常打断他人，很快下结论或给出建议。

大部分提问能力弱的人，都停留在聆听的第一层次上。

案例中，小黄找老梁寻求帮助的时候，老梁边和小黄对话，边处理手上的工作，注意力并没有集中在小黄身上，从肢体语言上往往会让对方感觉自己没有得到应有的关注。

另外，老梁也没有耐心聆听小黄遇到的具体困难是什么，沟通时，随意打断小黄。只是因为自己通过打电话就卖出了新产品，就判定小黄的团队缺乏对产品知识的了解。于是，很快就给出了自己的建议，下个月再给小黄的团队安排一次关于产品知识的培训。

显然，老梁仍然处在聆听的第一层次。

第二层次：聚焦聆听，关注对方

第二层次的聆听者，聚光灯在对方身上。处在这一层次的聆听者在沟通过程中，关注对方的表述，并能够及时给出回应。他们不仅使用类似"哦""是吗""如果我理解正确，你的意思是……"等关键词句来回应对方，也会用眼神和动作与对方交流，让对方充分感受到关心和尊重。

聆听者的注意力集中在对方身上，目的是通过聆听和支持，让对方积极参与到对话中。

基于小黄与老梁的案例，以下是聆听者处于第二层次的对话。

小黄："梁总，目前新项目推进遇到了障碍，我们的业务员拜访了近100个客户，但只有5个客户对我们的新产品有兴趣，其他客户觉得我们新产品的价格太高了。"

老梁立即放下手上的工作，从椅子上站起来，给小黄倒一杯水，并请小黄坐下来，然后自己坐在小黄的斜对面。

老梁："哦，是吗？听起来你们需要一些帮助，可以分享下具体客户是怎么说的吗？"

小黄："客户更愿意采购竞争对手的产品，因为对方价格比我们低30%。虽然我们的产品品质更好，但客户不清楚新产品的效果到底怎么样。他们说如果我们愿意让他们先试用新产品，或许会考虑采购。"

老梁并没有马上下结论或者给出建议，而是边点头边说："我明白了，所以客户的意思是希望我们能先提供一些产品给他们试用对吗？你是怎么想的？"

这里，老梁没有凭个人经验评判，而是通过聆听让小黄感受到他对小黄本人的关心，并通过提问激发小黄自己的思考。

第三层次：全方位聆听，关注全局

第三层次的聆听者，聚光灯不仅在对方身上，还能发现光源外的一些东西。能关注到对方表述时的语调、语气、语速，觉察到对方表达时隐而未现的情绪感受。在给予对方反馈后，会认真观察对方的反应。第三层次的聆听者不仅听对方所表达的内容，也能觉察到对方的言外之意，从而明白对方的真实意图。

教练行业常用"3F 聆听"技巧来进入第三层次聆听。3F 聆听，即聆听事实（fact）、聆听感受（feel）及聚焦意图（focus）（见图 25-2）。

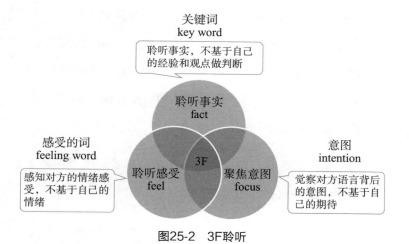

图25-2 3F聆听

聆听事实：对方讲述时，不基于自己的想法评判对方，只倾听客观事实。

老梁："我听到了你说你们拜访了 100 个客户，结果只有 5 个客户对新产品感兴趣，对吗？"

聆听感受：对方讲述时，感知对方目前处于什么样的情绪，带着同理心去听。

老梁："我听到你刚才讲话时语气有些失落，你现在对新产品的推广比较着急，是吧？"

聚焦意图：对方讲述时，认真听对方真正的意图。

老梁："你是否也不确定要不要先给客户新产品试用？想让我帮你把把关？可以分享一下你此刻的真实想法吗？"

小黄："梁总，我可以再询问相关业务员，弄清楚到底有多少客户是真的认为我们的价格高，又有多少客户是因为还不知道我们的产品效果，而犹豫要不要采购。等我弄清楚了，如果需要新产品试用，我再找您。"

第三层次的聆听，老梁可以听小黄的事实、感受和意图，用提问引导小黄自己找出解决方案。

本章小结

具备好的聆听能力，可以更好地理解他人，避免误解和冲突，改善团队关系，增强自己的影响力。

聆听可以分为以下三个层次。

第一层次：内在聆听，关注自己。基于自己的判断下结论。

第二层次：聚焦聆听，关注对方。通过聆听去关注和支持对方。

第三层次：全方位聆听，关注全局。仔细聆听对方话语中的事实、感受和意图。

本章思考

结合聆听三层次，回顾近期你和领导、同事、家人等不同对象对话时，你的聆听习惯属于哪一层次？你有何感悟？计划如何改变？

第26章

欣赏式探询：多鼓励少批评

与人善言，暖于布帛；伤人之言，深于矛戟。

——《荀子·荣辱》

你会经常认可和赞美他人吗？还是在出现问题时，更习惯于指责和说教？

例如，生活中，孩子早上睡懒觉，导致上学差点迟到，一些父母就容易指责孩子。事实上，还有一种更有效的沟通方法，即从正面关注孩子那些早起的日子，询问孩子是如何做到早起的，并赞美孩子这些早起的行为。

工作中，员工出现士气低落或行为不佳时，管理者往往试图分析低落的原因或通过加强规章制度来改变员工的行为，而非关注并询问员工之前是如何做到工作充满激情的，发掘员工的优势和梦想去激发团队的创新和变革。

新生代"00后"员工已经步入职场，他们更希望在工作中得到认同、尊重，而非指责和批评。

事实上，每个人都希望被认可，但批评和指责似乎成了日常沟通的主旋律。"说教式"的管理随处可见，导致人际关系日渐紧张。

欣赏式探询

欣赏式探询（Appreciative Inquiry，AI），由凯斯西储大学管理学院教授大卫·库珀里德（David L.Cooperrider）提出，他曾在斯坦福大学、麻省理工学院、剑桥大学等知名高校任教。

欣赏意味着认识和重视他人的贡献，探询指用积极的态度探究问题解决的更多新的可能性。欣赏式探询，指以欣赏的眼光去看待他人，是一种积极的基于组织发展和变革优势的管理方法。

它通过积极提问，搜寻个人内心和组织中最美好的一面，强化对方行动力，自我赋能，创造出相互信任、良好协作的团队关系，从而促进个人和组织的成长。

和传统的"问题导向式管理"方法不同，欣赏式探询强调关注个人和组织积极、优势的一面，而不是当下问题的解决，它强调欣赏鼓励，而不是关注短板和不足、控制和指责。

欣赏式探询非常适合面临诸多挑战的管理者。当前全球不同地区不同类型的机构都在利用欣赏式探询来推动组织的变革与发展。

欣赏式探询的好处：通过欣赏式探询，可以培养下属积极的自我认知，激发团队和个人潜能，共同设计面向未来的业务，克服下属的防卫心，从而实现积极的组织变革，大幅提升管理者的影响力。具体而言，它的好处如下。

强调优势：鼓励组织聚焦于自身的优势和潜力，而非问题和弱点。例如，在企业团队建设中，通过欣赏式探询，团队成员可以集中精力发现彼此的优点和成功经验，从而增强相互间的信任。

促进参与和共享：通过积极的提问和分享，它创建了一种开放和包容的沟通环境。

激发创造力：通过强调潜力和可能性，它激发了创新和探索的精神。例如，公司在产品开发时使用欣赏式探询方法，可以鼓励团队成员自由表达创意，探索新的方向和机遇。

可持续改进：通过不断探询和欣赏成功的经验和潜力，组织可以持续地自我增长和改进。例如，企业可以通过分析和学习各个团队和地区的最佳实践，不断提高服务质量。

总之，欣赏式探询是一种强有力的工具，可促进积极的沟通、增强组织凝聚力、激发创造力，并推动可持续的发展和改进。

欣赏式探询 5D 运用法

5D 具体指：确定（define）、发现（discovery）、梦想（dream）、设计（design）、交付（delivery）（见图 26-1）。

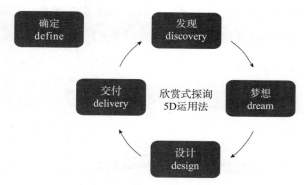

图26-1　欣赏式探询5D运用法

案例

某母婴连锁企业，去年业绩不是很好，所以今年的业务面临很大挑战，业绩目标是在去年的基础上增长40%，同时人员管理成本要下降30%。

今年第一季度，企业一线门店裁员20%，人员成本降低的同时，也使得现有员工士气低落，甚至部分员工开始主动离职。

对此，销售总监小陈非常焦虑，他决定在下个月邀请全国的店长召开季度业务会议。假如你是他，你如何运用欣赏式探询来面对变革，激发团队士气，共创未来？

欣赏式探询的第一步：确定

首先明确本次会议的主题，尽可能让所有利益相关方都参与进来，用欣赏式语言陈述问题。

以问题为导向的主管通常会问："问题出在哪里？"而采取欣赏式探询的领导则会问："哪里需要提升？"

小陈在季度业务会议上运用欣赏式探询的方式开场：

- 今天，大家最想解决哪个困惑？
- 如果门店团队士气提升，会带来什么效果呢？

这样不仅可以了解到大家最亟须解决的困惑，还能够引导大家看到，提升士气后团队可以更稳定，给予用户更好的体验，提升用户忠诚度，也会促进老用户的推荐，从而激发团队共创未来。

欣赏式探询的第二步：发现

发掘过去的成功经验以及现在做得好的方面，总结过去与现在最为成功的要素。

1. 探询动力或价值取向

小陈："当初吸引店员加入我们的主要原因有哪些？为什么解决这个问题对你们来说很重要？"

以上提问帮助小陈了解到吸引员工加入企业的原因主要是企业是行业标杆，大家为有机会成为全国第一的梦想而来，希望能够随着组织发展实现个人价值。可以参阅本书第12章：为什么这个问题如此重要，打开问题的结，从不同利益相关方的角度引导店长思考。

2.探询优势

小陈："为了解决这个问题，目前你们有哪些优势能发挥作用？为什么？"

同事："与其他品牌相比，我们有一定的知名度。店里管理团队和员工都来自有经验的企业，相对于一些小店，产品质量也有保证。"

3.探询过去的成就或经验

小陈："请回想一下，你们过去取得了哪些成功？哪些事情让你们感到很自豪？有哪些最佳实践可能对解决今天遇到的问题有帮助呢？"

同事："企业发展初期，短时间内快速开出了多家门店，这一点我们非常自豪；过去最佳实践是主动和互联网平台以及其他大客户合作，成功导入了不少新客人；也定期给门店新员工做商品知识的培训，提高了员工业务能力。现在做得不错的地方是，通过裁员，提升了现有人员的产出效率。"

欣赏式探询的第三步：梦想

　　此阶段的目的是激发团队成员的潜能和想象力，拓展团队视野，将关注点从现状转向大家共同期盼的更加美好的未来。管理者要引导团队一起描绘出未来的理想画面，画面描述得越清晰，未来也就越有实现的可能。

　　少提"如果目标没达成，我们会损失什么"此类问题，小陈可以采用欣赏式探询来描绘梦想。

- 你们之前谈到的工作动力、优势、经验就是团队内在最好的资源，如果重新激发这些资源，会发生什么？
- 如果团队未来取得成功，你会想要具体看到什么样的画面？听到什么？想要体验哪些美好感受？

　　例如，可以这样描述未来取得成功时期望看到的画面：品牌获得了行业里店铺最佳运营效率奖，客户口碑好评在大众点评上排名第一，团队成员开着香槟，庆祝成功。

欣赏式探询的第四步：设计

　　此阶段要厘清达到理想结果，团队所需要具备的各种条件，确认团队成员需要挑战的现状。

　　分析可能的解决方案时，不要问："你为什么不这样做？"欣赏式探询关注的是未来"应该是什么"。

- 如果要实现刚才的美好场景，需要最大限度激发变革的热情，对此，你有什么好想法吗？
- 我们还有哪些和过去不同的做法？（你可以不断追问"还有吗"，激发团队思考。）
- 如果你是客户，你希望我们该如何做？（你也可以站在其他角度不断发问。）

同事："有效提升士气，新的方法是多做 1 对 1 沟通。如总部管理者和店长、店长和员工定期进行 1 对 1 沟通，聆听下属的真实反馈。平日管理多鼓励，少指责，鼓励好的门店给差的门店做示范，除了培训商品知识外，还需要给员工做心态文化的熏陶，重新完善团队激励措施等。

小贴士

欣赏式探询的设计环节，需要团队一起研讨分析过去的哪些行动是无效的，应该立即停止，并把这些资源重新投入到更有效的行动上。

欣赏式探询的第五步：交付

此阶段的目的是行动落实，需要对未来行动进行规划和准备。聚焦第三步的梦想目标，互相协作，成功交付，切忌各自为政。

欣赏式探询：

- 针对刚才谈论的方法，请选择哪个是你最想实施的？
- 你打算什么时候开始实施？
- 大家怎么确保这个行动能顺利完成？
- 请预测这些行动完成的最终效果会有多少分？

本章小结

欣赏式探询是一种以欣赏的眼光去看待他人的积极的正向方法。通过积极提问，强化对方行动力，促进自我赋能，创造相互信任、良好协作的团队关系，从而促进个人和组织成长。

和传统的"问题导向式管理"方法不同，欣赏式探询关注个人和组织积极、优势的一面；而非关注其短板和不足。

欣赏式探询 5D 运用法，即 define（确定）、discovery（发现）、dream（梦想）、design（设计）、delivery（交付）。

本章思考

假设贵公司的跨部门协作出现了问题，前端业务负责人在会议上公开批评中后台部门没有用户思维，你准备用欣赏式探询 5D 运用法和团队一起研讨，你该如何提问呢？

第27章

亲和对话，赢得信任

亲和是塑造信任的必要特征。

——大卫·梅斯特　美国人际关系专家

　　工作中，如果同事在你工作时，径直走过来对你说："你昨天 PPT 里谈到的新产品定价有问题。"你刚解释没几句，对方就打断你："我明白了，你不要再说了，你应该这样去定价……"而且在沟通过程中，对方心不在焉，不停地看手机、回复信息，语速飞快，你还未完全理解他想要表达什么，对方就转身离开了。这类人一般都缺乏与他人建立亲和关系的能力。其中最典型的表现就是无法做到亲和对话。

那么，如何与他人亲和对话，从而更容易、更快速地进行深入沟通？

亲和对话

亲和力是一种使人愿意亲近、接触的能力。拥有这种能力的人，在与他人沟通时，不会自说自话，会在舒适和自在的前提下，和他人进行沟通，快速建立起信任关系。而且，一个有亲和力的领导能够尊重下属，激发员工工作积极性。

美国人际关系专家大卫·梅斯特认为，亲和是塑造信任的必要特征。研究发现，信任是保证员工投入、高效、持续创新的基石，团队成员相互信任有助于提高公司的整体效率。

因此，亲和的对话可以帮助团队建立信任关系，彼此分享信息，增加相互理解，从而达成共识，相互协作完成既定目标。

如何建立亲和对话

良好的人际关系始于亲和对话的建立。在工作中，可以通过问候、使用语言"柔顺剂"、提前说明目的、运用回放的艺术、匹配和同频五个方法建立亲和对话（见图27-1）。

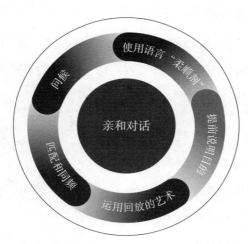

图27-1 亲和对话五个方法

方法一：问候

俗话说：良言一句三冬暖，恶语伤人六月寒。适当的问候表面看只是一种寒暄，其实是对他人的尊重和礼貌。相信没有人会喜欢那些连起码的招呼都不打的同事。结合不同的场景，问候语有多种表达形式。

- 你好，这段时间忙吗？工作进展顺利吗？

- 最近有什么好消息？有什么新鲜事吗？
- 你今天看起来真精神，这衣服真漂亮……

方法二：使用语言"柔顺剂"

使用语言"柔顺剂"，即在正式沟通前，询问对方的意愿，通过提问把语言变得柔软，以免引起对方的防御心态，满足对方对尊重的需求。

- 请问您现在忙吗？我可以请教一下您 PPT 中提到的关于新产品定价的问题吗？
- 你是否介意我了解下……
- 我有个问题想要请教你，可以吗？
- 我能不能请教您一下……

方法三：提前说明目的

沟通之前，先和对方说明此次对话的目的，帮助对方提前放松心态，不用再猜测你的动机。如果未事先告知对方沟通目的，沟通过程中提出的问题又比较尖锐，对方就容易紧张不安，感觉被冒犯，进而引发其防卫意识，致使沟通不畅，或不欢而散。

- 为了找到问题的核心，我想了解一下您对新产品定价的想法，可以吗？

- 为了解决你当前的顾虑，你是否可以告诉我……

- 为了解决您的困惑，您是否可以告诉我……

- 我能不能问一下……以便您能做个决定？

方法四：运用回放的艺术

回放，即给予对方反馈，或者小结你收到的信息，它是一种复述对方谈话中的关键点的提问技巧。回放艺术一般适用于以下三个场景。

场景一：沟通中让对方感受到你在很认真地听他的讲述，体现出你对他的尊重。此时，可以使用回放技巧，用对方的"原词"重复对方说过的话，适时小结对方刚才讲话的关键点。可以重点重复对方强调最多次、感受最深的那些词。

- 那么对你来说，你觉得新产品定价应该最多比竞争对手高 10%，对吗？

- 您的意思是……，请问我这样理解对吗？

- 不知我是否理解对了，您刚才的意思是……

场景二：对方的观点让你感到困惑，或不知所云时，回放可以帮你更好地理解对方，还可以让对方来帮你回放。

- 抱歉，对于您说的……我有些不太理解，可以再和我讲解一下吗？
- 不好意思打断下，我听了您的故事，但还是不太明白您的观点是什么，可以再简单描述一下吗？

场景三：为了接下来更好地和对方沟通，需要重新组织想法，回想刚才的谈话内容。

- 我们已经花了半小时聊新产品的定价，这半小时里，我们主要谈了……，对吗？

方法五：匹配和同频

匹配和同频即沟通时，语速、语气、表情、肢体动作等和对方尽量保持一致。

教练行业经常用的一个词叫"跟带"，好比两个人跳舞，你不能自顾自跳舞，而是需要始终和对方保持同一个节奏。和他人沟通也是如此，你不能自说自话，将观点强加于人，而是应该先跟着对方的节奏，然后再自然地将对方带入自己的沟通节奏。

匹配和同频的沟通技巧能让对方感到很舒服，把你当成懂他的伙伴，两人的交流也会很有成效。

这里分享两个匹配和同频的运用场景。

销售洽谈：与客户沟通时，注意观察客户的表情、语速和语气，然后适当调整自己的沟通方式，以便与客户同频。例如，当客户谈话节奏缓慢、语气温和时，你也要放慢语速，用温和的语气回应。这有助于建立信任和理解，从而促进销售成功。

领导与团队沟通：作为上级，在与新员工沟通项目细节时，通过观察新员工的反应，发现他显得有些紧张，这时，你可以通过友好的笑容、轻松的肢体语言和平缓的语调与新员工同频，使他放松下来，从而更有效地传达信息。

本章小结

亲和力，是一种使人愿意亲近、接触的能力。拥有这种能力的人，在与他人沟通时，不会自说自话，会在舒适和自在的前提下，和他人进行沟通，快速建立起信任关系。亲和的对话可以帮助团队建立信任关系，彼此分享信息，增加相互理解，从而达成共识，相互协作完成既定目标。

问候、使用语言"柔顺剂"、提前说明目的、运用回放的艺术、匹配和同频，这五个方法可以帮助我们在职场中建立亲和对话，进行有效沟通。

本章思考

回顾你之前和同事沟通时的表现，如果用 1~10 分来评估你沟通的亲和力，1 分最低，10 分为最高，在问候、使用语言"柔顺剂"、提前说明目的、运用回放的艺术、匹配和同频这五个亲和沟通方法的使用方面，你的得分分别是多少？你想要重点加强哪个方法的实践运用？为什么？

职场提问的其他应用场景

第8篇　职场提问的其他应用场景

第28章　1对1沟通七步法

第一步：确认问题和机遇
请问我们本次需要讨论的最重要的事情是什么

第二步：厘清问题和机遇
现在遇到的具体问题有哪些
这个问题持续多久了
如果我理解得正确，问题的关键在于……是吗

第三步：确认目前影响
现在这个问题对你、其他人以及企业产生了什么影响
目前还会产生其他影响了吗
你如何看待目前产生的这些影响？你的感受是什么

第四步：确认未来影响
此问题可能会对未来产生什么影响
此问题发生后，会对你、其他人、企业产生何种影响
你如何看待这些影响？你的感受是什么

第五步：确认理想结果
如果能解决这个问题，最理想的结果是什么
为什么你认为这是最理想的结果？其他人怎么看
你怎么看待这个结果？当思考这些结果时，你的感受是什么

第六步：确认改变和贡献
为了解决这个问题，你个人做了哪些努力？效果如何
你有什么新计划来解决这个问题吗

第七步：行动承诺
要解决这一问题，你认为需要采取的最有效的行动是什么
你准备何时开始行动
你如何克服行动中可能产生的困难

第29章　企业差异化竞争策略五步提问

第一步：客户差异化
第二步：产品或服务差异化
第三步：交付差异化
第四步：盈利差异化
第五步：持续差异化

第30章　高绩效团队塑造的六个条件提问

条件一：真正的团队
我们是否能清晰地明确谁是团队成员，谁不是
团队成员是否彼此明确角色职责，相互依赖
团队稳定，很少更换团队成员吗

条件二：富有感召力的目标
团队目标是否明确、清晰，所有团队成员都清楚这个共同目标吗
团队目标相当有挑战性，团队成员必须竭尽所能，才能完成吗
团队目标与所服务的对象关系密切从而激励团队成员吗
团队目标由领导决定，但是实现的方式与具体执行由团队成员来负责吗

条件三：合适的团队成员
团队成员具备足够的才智和经验来完成工作吗
团队成员的能力可以互补吗？有不同类型的成员可以给工作带来不同的视角与经验吗
团队成员具有优秀的概念思维技能吗
团队中存在捣乱分子吗

条件四：良好的团队结构
团队成员清楚哪些行为团队可以接受，哪些行为团队不能接受吗
团队成员数量不多不少，正好可以完成目标吗
团队任务设计是否有让团队成员感受到其工作是有意义的、有自主性，且知晓工作进展结果吗

条件五：支持性的组织环境
工作所需的信息随时可得吗
组织不仅奖励个人绩效，也重视团队绩效的奖励吗
当团队需要时，团队成员能得到培训或咨询吗
团队成员可随时获得开展工作所需的资源吗

条件六：团队教练指导
团队成员能随时获得指导帮助吗
能提供帮助的团队教练是胜任的吗

第31章　个人职场规划六层次提问

第一层次：环境
第二层次：行为
第三层次：能力
第四层次：价值观
第五层次：身份
第六层次：系统

制图｜醒梦

———

　　本篇是一个"加餐工具箱",分别介绍了日常工作中会涉及的同事间 1 对 1 沟通、制定企业差异化竞争策略、塑造高绩效团队、帮助下属职场规划四个提问场景的有效提问工具,助你精进提问技能。

第28章

1对1沟通七步法

在同事或亲朋好友遇到难题时，可以应用1对1沟通七步法激发其潜能，培养对方独立思考的能力，帮助其探寻解决方法（见图28-1）。这个工具是作者根据美国麻省理工学院斯隆商学院教授、"企业文化理论之父"埃德加·沙因所写的《谦逊的探询：询问而非命令的艺术》一书中的观点整理而成。

第一步：确认问题和机遇

- 请问我们本次需要讨论的最重要的事情是什么？（鼓励对方明确最需要解决的问题。）

图28-1　1对1沟通七步法

第二步：厘清问题和机遇

- 现在遇到的具体问题有哪些？

- 这个问题持续多久了？

- 如果我理解得正确，问题的关键在于……是吗？

第三步：确认目前影响

- 现在这个问题对你、其他人以及企业产生了什么影响？

- 目前还产生其他影响了吗？

- 你如何看待目前产生的这些影响？你的感受是什么？

第四步：确认未来影响

- 此问题可能会对未来产生什么影响？

- 此问题发生后，会对你、其他人、企业产生何种影响？

- 你如何看待这些影响？你的感受是什么？

第五步：确认理想结果

- 如果能解决这个问题，最理想的结果是什么？

- 为什么你认为这是最理想的结果？其他人怎么看？

- 你怎么看待这个结果？当思考这些结果时，你的感受是什么？

第六步：确认改变和贡献

- 为了解决这个问题，你个人做了哪些努力？效果如何？

- 你有什么新计划来解决这个问题吗？

第七步：行动承诺

- 要解决这一问题，你认为需要采取的最有效的行动是什么？

- 你准备何时开始行动？

- 你如何克服行动中可能产生的困难？

小贴士

1对1沟通七步法运用的过程中，需要注意：

- 确保你和对方沟通的是一个重要的话题。

- 沟通要坦诚，提问要出于对对方的关怀。

- 沟通中，只能提问和聆听，不能评判或建议。

第29章

企业差异化竞争策略五步提问

　　企业想要挑战实力强大的竞争对手，一般只有两个策略：抢占先机，差异化。企业实施差异化竞争策略，为客户提供差异化的创新产品和服务，从某种程度上来说也是一种抢占先机。

　　与其更好，不如不同，企业与其模仿强大的对手，不如在开始时就进行差异化，开辟出一片新的战场。

　　企业差异化竞争策略五步提问框架，是作者基于商界战略管理的领路人加里·哈默的创新商业模型框架，提炼出的一个行之有效的企业和竞争对手实施差异化竞争的策略方法，可以帮助企业管理者在数分钟内，根据提问表达清楚企业的战略，帮助企业在差异化竞争中，探寻以弱胜强的竞争策略，提高企业核心竞争力（见图 29-1）。

图29-1 企业差异化竞争策略五步提问框架

第一步：客户差异化

小米的成功，往往被解读为粉丝营销的成功。事实上，回顾小米的发展之路不难发现，真正让小米成功创新突围的一大决定性因素是小米差异化的客户定位。小米从创立伊始就把目标客户聚焦于苹果和三星等品牌忽视的消费能力相对较低的客户。无独有偶，余额宝、拼多多等互联网知名企业的崛起也是如此。

具体参考提问：

- 你服务的客户是谁？不是谁？
- 客户主要在哪里？

- 有没有被忽视的客户类型？
- 客户的核心痛点是什么？

第二步：产品或服务差异化

如今很多企业做不好产品或服务，一个非常重要的原因就是其产品与竞争对手的太过同质化，产品优势或卖点与竞争对手的几乎一模一样，例如，质量更好、种类更多等。

此时，如何在竞争中，突出自己企业产品或服务区别于对手的独特性，另辟蹊径，而非模仿竞争对手，成为企业成功突围的重要策略。

具体参考提问：

- 我们提供什么产品或服务？
- 我们的产品或服务可以为客户创造什么价值？
- 相比竞争对手，我们的产品或服务有什么竞争优势吗？
- 这些我们认为的优势，对客户来说有多重要？

第三步：交付差异化

产品或服务交付过程中，一定要整合好企业的各种资源，优化交付涉及的各个环节，关注为客户创造区别于竞争对手的差异化的交付体验。

小米手机在产品交付时，率先引入社交电商，开创手机互联网营销模式之先河。

具体参考提问：

- 怎么做好上、下游价值链的整合？
- 怎么优化流程？
- 你可以通过哪些下游渠道分销产品？
- 你可以协同哪些重要的合作伙伴或资源，提高客户的交付价值？
- 怎么做好顾客体验？
- 采取怎样的线下、线上营销方式？

第四步：盈利差异化

提升用户的重复购买率、扩展新的盈利项目等都可以帮助企业提升盈利能力。小米的盈利来源除了我们熟知的手机，很多是来自其平台生态圈里的其他产品，如充电宝、路由器等。

具体参考提问：

- 你的收益模式是什么？
- 怎么提升用户的忠诚度？
- 如何可以更好地改善成本结构？

- 你的利润模式还有哪些？
- 你能多快利用你的资产资源？

第五步：持续差异化

- 不断地问自己，如何在前面的四步，都实现和对手的差异化？

第30章

高绩效团队塑造的六个条件提问

　　哈佛商学院教授理查德·哈克曼教授观察、评价、审视、分析团队长达 50 年，他在这一领域所构建的概念和实证研究成果影响深远，在团队研究领域具有不可动摇的权威地位。他提出了工作特征模型、团队有效性的三个标准以及高绩效团队塑造的六个条件（见图 30-1），凭借其在群体研究方面的杰出工作，获得了诸多荣誉，包括：美国心理学协会下属的工业和组织心理学会所颁发的"卓越科学贡献奖"、哈佛研究生院颁发的"门德尔松优异导师奖"、管理协会颁发的杰出教育者奖等。他早年撰写的著作《高效团队》曾获得美国管理协会 2004 年最佳管理图书奖。

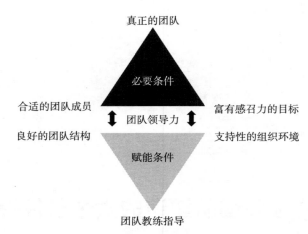

图30-1　高绩效团队塑造的六个条件

哈克曼教授和他在哈佛的同事露丝·瓦格曼基于高绩效团队塑造的六个条件研发了团队诊断调研模型（Team Diagnosis Survey，TDS），TDS在世界不同领域、不同团队、不同组织级别超过1000个团队的研究中被验证有效。测量的六个条件汇总，可以预测80%的团队有效性。

塑造高绩效团队，首先应该从团队的定义开始。《聪明领导，高效团队》的作者罗杰·施瓦茨扩展了哈克曼教授对工作团队的定义，将其精练为：团队是由一群人组成的，他们的角色明确且互相依赖，为产生某些结果（产品、服务或决定）而共同担责，这些结果可以被评估。

高绩效团队塑造的六个条件提问法，是通过对真正的团队、富有感召力的目标、合适的团队成员、良好的团队结构、支持性的组织环境、团队教练指导等高绩效团队塑造的六个条件的有效提问，帮助管理者迅速了解团队的有效性。

条件一：真正的团队

- 我们是否能清晰地明确谁是团队成员，谁不是？
- 团队成员是否彼此明确角色职责，相互依赖？
- 团队稳定，很少更换团队成员吗？

条件二：富有感召力的目标

- 团队目标是否明确、清晰，所有团队成员都清楚这个共同目标吗？
- 团队目标相当有挑战性，团队成员必须竭尽所能，才能完成吗？
- 团队目标与所服务的对象关系密切从而激励团队成员吗？
- 团队目标由领导决定，但是实现的方式与具体执行由团队成员来负责吗？

条件三：合适的团队成员

- 团队成员具备足够的才智和经验来完成工作吗？

- 团队成员的能力可以互补吗？有不同类型的成员可以给工作带来不同的视角与经验吗？
- 团队成员具有优秀的概念思维技能吗？
- 团队中存在捣乱分子吗？

条件四：良好的团队结构

- 团队成员清楚哪些行为团队可以接受，哪些行为团队不能接受吗？
- 团队成员数量不多不少，正好可以完成目标吗？
- 团队任务设计是否有让团队成员感受到其工作是有意义的、有自主性，且知晓工作进展结果？

条件五：支持性的组织环境

- 工作所需的信息随时可得吗？
- 组织不仅奖励个人绩效，也重视团队绩效的奖励吗？
- 当团队需要时，团队成员能得到培训或咨询吗？
- 团队成员可随时获得开展工作所需的资源吗？

条件六：团队教练指导

- 团队成员能随时获得指导帮助吗？
- 能提供帮助的团队教练是胜任的吗？

第31章

个人职场规划六层次提问

第2篇第5章我介绍了"NLP逻辑层次",具体包括六个层次:环境、行为、能力、价值观、身份和系统,可以帮助我们进行升维思考。个人职场规划六层次提问法就是运用NLP逻辑层次,帮助职场人士正视职场,将工作当作能体现个人生命价值的一份事业,找到最契合自己的职业发展之路。

第一层次:环境

"环境"即外界条件,包括人、事、物、时、地、财等。简而言之,即关于什么时间、在哪里等的提问。

具体参考提问：

- 你所在的领域或行业正发生着怎样的变化？

- 你在哪个类型的企业工作？企业的规模、性质、知名度
  等怎么样？

- 你就职现在的企业多久了？担任了什么职务？

- 你对薪资待遇满意吗？

- 你们企业的办公条件怎么样？和同事们相处融洽吗？

- 你将何时、何地开始做你真正喜欢的工作？

第二层次：行为

"行为"即"做什么""有没有做"，指能力的实际发挥，是一个人在不同的环境背景下实际做了什么。

具体参考提问：

- 对于平日站在其他同事的立场上，换位思考处理事情方
  面，你认为你表现怎么样？

- 出现问题时，你首先反省自己，还是更容易先指责
  他人？

- 你经常向上级提出建设性的建议吗？

- 你在和同事们建立和谐关系方面表现得怎么样？

- 在积极主动学习，来解决实际工作中的难题方面，你表

现如何？

- 平日工作中，你在担责、勤奋、细致、守时等方面表现得怎么样？

第三层次：能力

高效管理者必须具备三种能力：专业技能、人际关系技能和概念思维全局观决策技能。随着职位升高，对后两者的要求也逐渐提高。因此，职场晋升，除了需要具备岗位专业技能，还需要修炼其他技能。

具体参考提问：

- 你有哪些专业技能，这些技能能够保证你在岗位上表现得足够出色吗？
- 你如何评价个人在培养、领导团队方面的能力？
- 你在协调各部门利益，站在整个企业角度做决策方面的能力如何？
- 你如何看待你分析问题和解决问题的能力？
- 为了实现事业目标，你还需要补充哪些新的技能？

第四层次：价值观

价值观决定了做事的态度、立场和观点，影响着我们处理事情的方式和具体能力的选择。

具体参考提问：

- 你为什么这样做事？为什么不那样做？
- 工作中这些事对你来说，有什么重要意义？
- 如果你具备这种能力，会满足你什么内在需求？

第五层次：身份

"身份"即一个人对自我的认知，包括如何看待自己，如何给自己定位。换言之，是我们准备以怎样的身份去实现人生的意义。

具体参考提问：

- 你在工作中的具体角色定位是什么？
- 为了实现你的事业目标，你想成为一个怎样的自己？
- 你与生俱来的、和他人不一样的本质是什么？例如，好奇心？
- 退休前，你希望在企业里实现的最终角色是什么？

第六层次：系统

"系统"即你与他人或事物之间的关系，涉及你的人生意义、你对他人和社会的贡献等。

具体参考提问：

- 如果你的事业成功了，会具体成就他人什么？

- 你希望在事业上能带给别人的影响或独特贡献是什么？

- 当你实现事业梦想时，你希望看到什么？听到什么？感受到什么？

后 记

　　本书的出版，起源于我在 2019 年 10 月上线的"用提问激发团队高绩效"在线课程。当时是应笔记侠 CEO 柯洲邀约，经过几次商议，我决定推出一门聚焦企业 CEO 和管理团队的课程，目的是提升他们的全局观决策技能，利用团队智慧，群策群力破解团队难题。同时这门课程最好能协助提升管理团队的领导力，并且选题方向最好是相对比较新鲜、差异化，而非老生常谈的话题。最后，我们认为，要开发出一门基于研发者本人实际工作感悟和理论相结合的课程。

　　基于这样的思考，"提问"这个想法就自然而然地形成了。经过八个月的打磨，最终课程得以上线，此课程也于 2020 年入选了培伴主办的"优课 Top100"榜单。对于笔记侠团队过去的支持协助，我衷心地表示感谢！

　　需要指出，在提问这条道路上，我只是上路还不算久的探索者，在过去的六年里，我是踩在这个领域前辈的肩膀上前行。首先，本书的出版需要感谢以下图书的作者：《绝佳提问：探询改变商业与生活》的沃伦·贝格尔、《学会提问：批判性思维领域的圣经》的尼尔·布朗、《探询式领导：如何通过问题发现正确的解决方案》的迈克尔·马奎特、《谦逊的问讯：以提问取代教导的艺术》的埃德加·沙因、《高绩效教练》的约翰·惠特默、《麦肯锡工作法：麦肯锡精英的 39 个工作习惯》的大岛祥誉、《学会解决问题：支持问题解决的学习环境设计手册》的戴维·H. 乔纳森等，是他们让我从不同维度快速对提问有了体系化的认知，他们的精彩观点在很大程度上加深了我对提问的理解。作为职场提问的践行者，本书的内容或观点肯定存在我目前还无法洞见的一些见解，欢迎读者批评指正，以帮助我更好地成长。

　　这里，我也要感谢伟事达，作为私董会鼻祖、全球领先的 CEO 领导力发展机构，伟事达始终提醒我们，提问对解决问题和提升领导力至关重要。这里要感谢我作为总裁教练的伟事达 028 组私董会的企业家们，以及新零售研修会的年轻企业家伙伴们，看清自己，需要他人。事实上，问题处理流程会议不是一般的会议，而是一种高强度、高水平、高质量的深度沟通。这些年来，我们通过倾听、彼此提问，挑战各自的假设，并不断证伪，不断触达内心深处的认知盲区。
这里，感谢何滨、严天宏、夏军、罗劲军、吴沅虎、孙炜、
吴大星、林云松、王仁宗、姚创龙、戴青、陈振标、虎庆、
徐凯特、陈晶晶、徐钰琳、王枫、文健军、陈长富、董瑞、
贾卓、邱美宁、卢永臣、何劲鹏、强小明、贾晓帆、王寅、
陈峰、鹿鸣、宋辉、陈宝平、陆斯娜、邓璐彬、徐加明、潘
育新、付利军、刘峰、袁国术、吉红彦等众多企业家，这些
年他们对我突破认知盲区有很大帮助，和他们在一起，是一
种启发，更是一场修行。

感谢海尔、特变电工、依视路、阿里云、平安租赁、孩
子王、时易中、Tims 咖啡、诸老大、晨光文具、亚太医疗
等行业标杆企业，让我作为高管团队教练，主持企业内部多
种不同主题的高管圆桌会，通过战略研讨会、商业模式重
塑、企业持续增长、数字化转型、客户洞察、高绩效团队塑
造、业务复盘、团队冲突和心智模式重塑、问题分析和解
决、个人领导力精进等不同主题的会议，让我有机会把提问
理论和企业真实实践案例更好地结合起来。

同样感谢学习过我的"用提问激发团队高绩效"在线课
程，参加过我的"提问在线训练营"的众多学员们，你们每
次认真完成在线打卡、在微信群里以及在线直播时分享收
获、积极组织各自企业团队线下复盘讨论，这种主动学习精

神以及你们的成长让我欣慰，你们对提问提出的一些问题，促使我不断在提问领域进行方法论的修正，让我在精进提问技能这条道路上不敢懈怠。

当然，感谢机械工业出版社的编辑们，感谢大家的理解和帮助，对于本书，他们从专业编辑的角度，提出了许多实用建议，而且剔除了一些表达含糊的地方。感谢我的中欧国际工商学院校友刘滨，他在界定问题和提问领域为我提供了不少宝贵资料，感谢我的同事高北，她严谨好学，为本书在与出版社沟通方面起到了很大作用。在此还要特别感谢苏哲读书会的殷冬宁（醒梦）、林少峰、范卫华，是他们的深入解读，使每篇的开篇都有思维导图呈现，引领全篇概要。

最后，我要感谢我的宝贝女儿念念，你的连珠炮似的提问，一些时候我已经很难招架，最高兴的是当我向你提出问题后，你常用反问，让我自己找答案。还需要感谢我的太太，你天生的耐心和乐于聆听，让我更加确信，好的提问从好的聆听开始。

推荐阅读

读懂未来 10 年前沿趋势

一本书读懂碳中和
安永碳中和课题组 著
ISBN：978-7-111-68834-1

双重冲击：大国博弈的未来与未来的世界经济
李晓 著
ISBN：978-7-111-70154-5

元宇宙超入门
方军 著
ISBN：978-7-111-70137-8

量子经济：如何开启后数字化时代
安德斯·因赛特 著
ISBN：978-7-111-66531-1